JN297970

The USA Tax

ローレンス・S・シードマン

累進消費税

活力を生む新税制

八巻節夫
半谷俊彦
塚本正文
訳

文眞堂

The USA Tax:
A Progressive Consumption Tax
by
Laurence S. Seidman
Copyright © 1997 Massachusetts Institute of Technology
Japanese translation rights arranged with
Massachusetts Institute of Technology acting
through its department The MIT Press, Cambridge,
Massachusetts through Tuttle-Mori Agency, Inc., Tokyo

娘のスザンナ、
息子のジェシー、
そして妻・アンに捧ぐ

日本語版への著者序文

　日本を含めた多くの先進国においては，高齢化が進展したことで，退職後に備えるための貯蓄を後押しするような税制の構築が，今まで以上に重要な課題となった。不幸なことに，所得税は利子，配当，キャピタル・ゲインのような資本所得に課税するため，貯蓄に対し抑制的に作用する。貯蓄を促進するために，多くの国で，多くの経済学者が，所得税を消費（支出）税に転換する抜本的税制改革を提唱してきた。しかし，公正を犠牲にすることなくこれを実施することは，果たして可能であろうか。消費税は所得税と同程度の累進を保つことができるのだろうか。答えは，イエスである。

　本書は累進消費（支出）税がどのように機能するのかを説明している。本書は，アメリカ合衆国において1990年代半ばに本格的な検討がなされた「無制限貯蓄控除（USA）税」案を例にしつつも，累進消費税の歴史や原理，そして実践的側面の本質を論じるものである。これらは累進消費税の採用を検討している諸国に役立つであろう。

　累進消費税が日本経済の現在の状況といかに関連するかを理解することは重要である。長期的には，日本は退職に備えて貯蓄を奨励し，高い投資率と高い経済成長率を取戻すことを必要としている。しかし短期的には，投資支出と消費支出を活気づけることによって企業に生産と雇用を増加させ，それによって低成長の10年間を終わらせなければならない。これは所得税から消費税への転換を延期すべきことを意味しているのであろうか。ノーである。転換は可能な限り速やかに行われるべきである。但し，当初は消費税率を本来よりも低く設定し，支出を短期的に増大させることができるよう，家計に所得を残す必要がある。ひとたび繁栄が戻ったならば，消費税率を段階的に本来の水準以上へ引上げ，黒字予算を計上して政府の負債を返済すれば良い。そして政府債務の対GDP比率が標準まで戻ったなら，消費税率を本来の水準

に戻せば良いのである。また，将来において景気後退が生じたならば，消費税率を一時的に引下げることで，それを克服することができるだろう。

　日本やアメリカ合衆国，さらに他の多くの国々は，本書で紹介するように，抜本的な税制改革を行い，所得税から累進消費（支出）税へ転換することで，利益を得ることができる。

Laurence S. Seidman

訳 者 序 文

　本書は，アメリカ独立戦争時代までもさかのぼる1743年創立以来の歴史と伝統を持つ名門校，デラウェア大学の経済学部の教授である Laurence S. Seidman による著作，"The USA Tax: A Progressive Consumption Tax" の全訳である。Seidman 教授は，1968年ハーバード大学を出た後，1974年にカリフォルニア大学・バークレイ校で経済学の Ph. D. を得ている。
　彼は，デラウェア大学の卓越した教授に与えられる Chaplin Tyler Professor of Business である。この教授職は，専門領域に関する優れた業績や MBA 養成プログラムへの大きな貢献に対して，研究や教育奨励のために設けられた特別な権威ある職位である。Seidman 教授はその第3番目に認められた者であり，それはノーベル経済学の受賞者である Robert Solow や副財務長官 Lawrence Summers および大統領経済諮問委員会（CEA）の前委員長 Martin Feldstein らの絶賛を浴びての認証であった。その認定で特筆されるのは，評価にいたった直接の対象が，トップのジャーナル誌において，あるいは幅広い国民層向けに公刊された租税政策に関する研究の豊富さと卓抜さであったことである。その輝かしい業績のひとつに本書が上げられているのである。
　このほか，The Brookings Institution；The American Enterprise Institute；The Federal Reserve Bank of Philadelphia；McCahan Foundation for Research in Economic Security, W. E. Upjohn Institute for Employment Research の現役若手研究員として，内外ともに大活躍中である。彼からの直接の情報では，近年の代表的著書は次の通りである。

・*Economic Parables and Policies* (2004), M. E. Sharpe, 3 rd Edition,

- *Automatic Fiscal Policies to Combat Recessions* (2003), M. E. Sharpe,
- *Helping Working Families : The Earned Income Tax Credit* (2003, co-author Saul Hoffman), Upjohn Institute for Employment Research,
- *Funding Social Security : A Strategic Alternative* (1999). Cambridge University Press.

論文は以下の通りである。
- "Managing a Bulge: Policy Options for Social Security," (forthcoming), (with K. Lewis) Public Finance Review,
- "Getting Back to the Earned Income Tax Credit: The Next EITC Reform," (2003), (with Saul D. Hoffman), Tax Notes, Vol. 100, No. 11, pp. 1429-1436,
- "The Later You Pay, the Higher the K," (2003), (with K. Lewis) Southern Economic Journal, 69, pp. 560-77,
- "Tax Cuts and Tax Reform—Let's Fix the EITC," (2003), (with Saul D. Hoffman) Indicators, Vol. 2, No. 2,
- "A New Design for Automatic Fiscal Policy," (2002), (with K. Lewis) International Finance, 5 (2), pp. 251-284,
- "Funding Social Security. The Transition in a Life-Cycle Growth Model," (2002), (with K. Lewis), Eastern Economic Journal, Vol. 28 (2),
- "The Earned Income Tax Credit and the Child Tax Credit Under the Tax Act of 2001" (2001), (with Saul D. Hoffman), Tax Notes, Vol. 92, Number 4,
- "Pre-funded Medicare Without Individual Retirement Accounts," (2000), Health Affairs, Vol. 19, No. 5: pp. 72-83,
- "The Consumption Tax and the Saving Elasticity," (with K. Lewis), (1999), National Tax Journal,

・"A Social Security Trust Fund Clarification Act." (1999), Tax Notes, Dec. 27,
・"The Impact of Converting to a Consumption Tax When Saving Propensities Vary: An Empirical Analysis," (1998), (with K. Lewis), International Tax and Public Finance, 5, pp. 499-503,
・"Conversion to a Consumption Tax in a Growth Model with Heterogeneity," (1998), (with K. Lewis), Journal of Macroeconomics 20, No. 4, pp. 665-680.

　これだけを見ると，研究の幅はかなり広いという印象を持つ。しかし，本書の参考文献一覧をみてみると，彼の本来の研究は租税論であり，とりわけ個人消費税＝支出税（Personal Consumption tax）に集中している点から見て，支出税研究者として位置づけて間違いないであろう。現代的支出税研究者としては，William Andrews がつとに著名であるが，Seidman は，Andrews 以後の本格的で最も卓越した支出税研究者といっても過言ではない。その象徴的結晶が本書なのである。
　本書を翻訳しようと思い立った最大の理由はここにある。きっかけは，3年ほど前から東洋大学大学院経済学研究科の財政学研究の教科書として取り上げ，翻訳にも加わった和光大学経済経営学部助教授，半谷俊彦氏や東洋大学大学院博士後期課程の塚本正文君を中心とした大学院生の間で輪読し，日本に紹介する必要性を次第に強く感じ始めたことであった。本書において，現在の先進諸国の租税システムの中心になっている所得税が，キャピタルゲイン課税や帰属所得，二元的所得税問題をはじめとして，不公平であったり，課税標準を本来測定不可能か恣意的な推定値に頼らざるを得なかったり，過度に複雑な徴税システムを必要とする問題を抱えていること，他方，所得税以外の付加価値税やフラット税などは，確かに所得税ほど複雑な技術を要求しないけれども，肝心の累進性を確保できないといった問題を有し，いずれにしても限界であることを指摘する。そして，それを乗り越える理想的な租税システムとして，累進的個人消費税を提唱するのである。本書は，所得か

ら貯蓄を控除した概念としての消費総額を所得より適切な課税標準であるとして，個別の消費を合計するのではなく，年間のキャッシュ・フローを捉えることで簡単に個人消費総額を計算することができることを強調する。このキャッシュ・フロー算定法の提唱により，税務行政上も実現に大きく近づくことができることをあらゆる観点から説得的に説明していく。

　もちろん，これまでもこうしたキャッシュ・フロー算定法による個人消費税を主張する流れはこの半世紀来あった。しかし，それらを総括した上で，さらにそれらの先行研究が乗り越えられなかった難点を超克しようという点に本書の面目躍如たるものがある。

　本書は，1995年にアメリカ上院議会で提案された累進的個人消費税法案であるUSA税（Unlimited Savings Allowance Tax）を個人消費税の理想として高揚しながら，同時にその法案が実践的な詳細規程においては理想からかけ離れてしまったことを論証していく。その論証の過程で，より実現可能性の高いオプションを例示し，USA税が累進的な消費税たりうるその理想を堅持することが最も重要であると結論づけている。

　少子高齢化の度合いをますます強めていく日本は，従来の延長線上の税制改革ではもはや対処できない深刻な税源問題を真剣に解決しなければならない時を迎えている。まさに，税制改革のパラダイムの転換が迫られているのである。こうした中で，累進的個人消費税が新しい装いをまとって登場する可能性は次第に高まってくるものと思われる。この累進的個人消費税の実現可能性を徹底して追及した本書が今翻訳されることの意義はきわめて大きい。

　本書の翻訳はいく人かの適切なアドバイスなしには実現しなかったであろう。とりわけ，早稲田大学社会科学研究科林正寿教授には，書評を頂き，我々にとって大きな励みとなった。また，仕事に忙殺され，予定より大幅に遅れてしまったにもかかわらず，本書完成まで忍耐強く付き合っていただいた文眞堂の社長，前野眞太郎氏には心底頭の下がる思いである。そのほか，公私ともに激励いただいた諸氏にこの場をかりて，心から感謝申し上げたい。

　訳語上の誤りや文意の不十分な理解に関する責任はすべて訳者が負うべきものであることは申し上げるまでもないが，本書が日本の税制改革に関心あ

る読者に幾分たりとも刺激になり，さらに税制改革の新たなパラダイムの一条の曙光とさせていただければ，訳者としてこれ以上の喜びはないことを，強い願望を込めてここに改めて申し添えておきたい。

　平成16年２月　　　　　　訳者を代表して
　　　　　　　　　　　　　　東洋大学　経済学部教授　八巻節夫

訳者略歴

八巻節夫(やまきせつお)　1943年福島県生まれ。現職は東洋大学経済学部教授。
日本財政学会理事。地方財政学会理事。
主な著作に、『租税価値論と税制改革』(八千代出版)、『社会経済システムとその改革　21世紀日本のあり方を問う』(共著、NTT出版)、『新財政学』(編著、文眞堂)、「環境特定財源問題の検討」『経済研究年報』(東洋大学現代社会総合研究所)第28号など。訳書に『ツィンマーマン&ヘンケ　現代財政学』(共訳、文眞堂)。

半谷俊彦(はんやとしひこ)　1966年東京都生まれ。現職は和光大学経済経営学部助教授。
主な著作に、『地方交付税 何が問題か』(共著、東洋経済新報社)、『主要先進諸国の住宅税制～住宅取得促進税制の議論を中心に』(共著、アーバンハウジング)、『移転価格税制の理論・実証研究』(共著、多賀出版)など。訳書に『ツィンマーマン&ヘンケ　現代財政学』(共訳、文眞堂)。

塚本正文(つかもとまさふみ)　1975年神奈川県生まれ。現在は東洋大学経済学研究科経済学専攻博士後期課程在学中、大東文化大学環境創造学部非常勤講師。
主な著作に、『新財政学』(共著、文眞堂)、「インターネット取引と課税～アメリカにおける議論の整理検討～」『税経通信』(税務経理協会)第57巻第1号、「支出税の実施可能性について」『東洋大学大学院紀要』(東洋大学)第37集など。

目　　次

日本語版への著者序文……………………………………………………iii
訳者序文……………………………………………………………………v
序……………………………………………………………………………xiii
第1章　USA税………………………………………………………… 1
第2章　貯蓄……………………………………………………………20
第3章　公正……………………………………………………………42
第4章　実施上のオプション…………………………………………85
第5章　簡素化…………………………………………………………142
第6章　Q&A……………………………………………………………160
　　　注記……………………………………………………………181
　　　参考文献………………………………………………………187
　　　索引……………………………………………………………192

序

　本書が述べようとするUSA税とは，1995年にアメリカ議会で提案された税制改革法案である。それは，それより半世紀も前に始まった個人消費税ストーリーの一里塚といえる。しかし，より根本的にみれば，この著書は累進的個人消費税そのものに関する本である。USA税は，かつてアメリカ議会で提案されたいかなる税制改革法案と比べても最も累進消費税に近いものとなっている。その中心的な特徴は制限なしの貯蓄控除であり，それは，間違いなく個人消費税の理想そのものである。しかしながら，重要と思われるいくつかの設計の細かい点で，1995年のUSA税法案は，その理想からそれてしまっている。本書の中心的なテーマは，USA税が誤った道に迷い込めば，それは結果として困難をもたらすことになるということを指摘することである。

　本書は揺れ動く標的（アメリカ議会における個別の税制改革法案）および固定的な標的（累進的個人消費税）の両者を考察対象にしている。本書は，1996年の秋に印刷されたので，1995年の法案が提案段階にとどまったままである。しかしその時期には，法案設計者たちがその改善提案に耳を傾けていたのも事実である。したがって本書を手にする時には，すでにいくつかの改革が行われているかもしれない。願わくは，批判の出番がなくなるような改革が行われることである。法律改正を狙う著書の例に漏れず，本書も定まらないターゲットの問題に直面する。

　読者が本書を読んでいる時には，USA税法案が，新たに爆発的な注目を浴びているかもしれない。逆にそれは議会の中で休眠中かもしれない。しかしながら，この法案の短期的な命運がどうあれ，本書は，持続すると思われるテーマである累進的個人消費税に焦点を合わせている。それは半世紀もの間，

経済学者の興味を集めたものであり，過去20年間，数多くの経済学者や租税専門家の努力を傾注させたものである。本書の意図は，累進的個人消費税の理論と実践上のデザインを提示することである。

　私が本書の全般にわたり引用している文献は，著者たちおよび1995年のUSA税法案の設計者たちに負うところ大である。特に，個人消費税やUSA税に関する討論，あるいは本書のデータの提供の点で，以下の方々に謝意を表したい。それは，Rudolph Penner, David Bradford, Lawrence Summers, Mevyn King, Frank Sammartino, Eric Toder, Denise Ramonas, Debra Miller, Barry Rogstad, Ernest Christian, William Hoagland, Peter Taylor, Rocky Rief そして Marcia Neilson-McPherson である。最も大きな助けとなったのは，私の研究パートナーである Kenneth Lewis である。

第1章　ＵＳＡ税

　USA税（Unlimited Savings Allowance Tax；無制限貯蓄控除税）とはどのような税であろうか。その提唱者はこの税が何を達成すると主張するのであろうか，そして彼らが代替となる他の税以上にその税を選好するのはなぜであろうか。1995年4月に合衆国議会において **Pete Domenici**（ニューメキシコ州選出共和党議員），**Sam Nunn**（ジョージア州選出民主党議員）と **Bob Kerrey**（ネブラスカ州選出民主党議員）上院議員の主導によって USA 税法案が提出されたことは同税にとって重要な一里塚となっている。USA 税の背景となるコンセプトはここ半世紀もの間展開されてきたが（章末の資料参照），USA 税の細部に関しては今もなお議論され続けている。事実上すべての USA 税支持者はその基本的な考え方について一致しているが，いくつかの実践的なオプションは議論のやりとりを通じて変更され続けている。例えば，1994年の **Domenici** 上院議員が著した詳論は1つの勧告をしているが，1995年4月の法案（以下「**1995年法案**」と称する）や1995年3月10日に **Ernest Christian and George Schutzer** が *Tax Notes* に著した詳細な解説書（以下「**1995年解説書**」と称する）とこれらのオプションについて必ずしも同じく取り扱っているわけではない。これらの実施上のオプションは第4章で論じる。この章は USA 税の基本的な考え方に焦点を合わせている。

　USA 税には2つの構成要素がある。**家計部門**は，累進的個人消費税をその理想とする。**事業部門**は，消費タイプの**控除型付加価値税**をその理想と考える。1995年法案で紹介された USA 税の構想は，いくつかの点でそうした理想から逸脱するが，しかしそうした理想の細部は USA 税に関する議論のやりとりを通じて変更される可能性がある。USA 税を理解するためには，累進的個

人消費税と消費タイプの控除型付加価値税を理解する必要がある。

　提案者によれば，USA税の目的は所得階層間で現在の**租税負担の配分**を維持しつつ，貯蓄と投資を促進することである。この目的を果たすために家計部門は，家計消費が上昇するにつれて，大きく上昇する一連の**ブラケット税率**を用いる。USA税の提唱者は，代替となる他の税がどれも貯蓄や投資を阻害したり，あるいは**租税負担の配分**を豊かな人たちから豊かでない人たちへシフトさせると主張する。提唱者は現行の**所得税**や包括的な（理想的な）所得税が貯蓄と投資を阻害し，そして州の**売上税**，付加価値税，そして**フラット税**がすべて貯蓄と投資を促進するものの，租税負担の配分を豊かな人たちから豊かでない人たちへシフトさせると論じている。

　本書はUSA税とそれを構成する2つの理想についての説明と分析を提示する。ここでいう2つの理想とは，累進的個人消費税と消費タイプの控除型付加価値税である。本書は累進的個人消費税と控除型付加価値税の提唱者の主張と，代替となり得る税の支持者の反応と租税の専門家による批判について考察する。本書はUSA税が提唱者による（他の代替となり得る税と対比して），**公正**を維持しつつ貯蓄と投資を促進するという論点について説明し，USA税を批判する人による反論を詳述する。そして最後にUSA税構想を改善するための勧告を提示する。

　その勧告は1つのテーマを基礎としている。すなわちUSA家計税はその理想，つまり累進的個人消費税に忠実であるべきということである。USA家計税は，各家計の消費に対し**累進税率**をもって課税することを意図しなければならない。**無制限貯蓄控除**をもつUSA家計税の主要な特徴は消費課税の理想に忠実だということである。しかしながらUSA税の1995年の構想はいくつかの詳細な点においてその理想から逸脱し，その結果として問題に直面していると思われる。USA家計税の設計者は，それを無制限貯蓄控除付きの所得税として描写することが多い。私はそれを累進的個人消費税を理解し描写する方が望ましく，また構想におけるすべての詳細な点についてこのコンセプトに忠実であることが望ましいと主張する。

　よって本書は，基本的に累進消費税の構想について書かれたものである。

USA税は，1995年に合衆国議会で提出されたものであり，かつて議会によって議論されたものと租税法案であることに変わりはない。しかしUSA税法案の行方に関らず，本書は累進消費税の理論と実践的な構想の研究文献として貢献する。

2つの構成要素

　USA税は2つの構成要素から成り立っている。つまり，**家計税**と**事業税**（Weidenbaum（1996）に簡潔に述べられている）である。家計税は家計に対する現行所得税と置き換えられる。事業税は法人所得税と置き換えられ，法人だけではなく，ほとんどの事業に適用される。家計税はUSA税収のおよそ80％を，事業税はおよそ20％を徴収する。これらは現行所得税と同様の比率である。

　家計税はすべての家計貯蓄を課税標準から税控除可能とする。事業税は（機械やコンピュータのような）資本財に対する事業投資を課税標準から税控除可能とする。これらは現行の所得税・年金を根本的に変更するものである。なぜであろうか。

　現行所得税では，**年金基金**の雇用主負担，個人退職年金と，**401（k）プラン**といった退職後のための一連の貯蓄に対する限定的な控除が認められている。これとは対照的に，USA税では，いかなる額であれ，いかなる目的であれ，家計貯蓄はすべて控除可能である。

　現行所得税では，どんな資本財に関する事業投資でも耐用年数を通じて漸次収入から控除される（漸次「**減価償却される**」）。それと対照的に，USA税では，いかなる資本財に対する企業投資も収入から即時控除される（即時に「費用計上される」）。

　USA税提唱者はこれら2つの構成要素が現行所得税の2つの主要な欠点を取り除くと信じる。すなわち，家計の貯蓄意欲を阻害することと，そして事業の投資意欲を阻害することである。USA税の重要な目的の1つは，国内に

おける**貯蓄率**と投資率をひき上げることである。USA税の設計者は2つの構成要素がその目的を促進すると考えている。

家 計 税

　USA家計税は過去半世紀にわたりに著名な経済学者によって支持されてきた（時として「消費所得税」あるいは「**支出税**」と呼ばれる）**個人**（家計）**消費税**をその理想と考える。[1] 個人消費税では，それぞれの家計は累進税率でその消費に課税される。すべての貯蓄は原則として課税から免除される。USA税は，実際のところ個人消費税（これらは4章で主に論じられる）の理想から，逸脱する規定を含んでいる。しかしUSA税の特徴の大半を理解するためには個人消費税という理想を心に留めておくことが重要である。

　USA家計税は著しく累進度の高い税率構造を用い，新たに**賃金高税額控除**を導入し，そして**給与所得税額控除**を維持する。これらの3つの要素により全体として現行所得税の累進度が維持される。すなわち，USA税は高・中・低所得階層の間の税負担配分をほぼ維持することになる。これとは対照的に，州の**売上税**や付加価値税は単一税率である。フラット税は，家計部門において，賃金所得の最初の30,000ドルに対する0％，そしてこの控除を超えるすべての所得に対する20％という2つの税率を持っているので，いくらかの累進性を有しているが，それにも関らず，豊かな者からそうでない者へ税負担配分を大きくシフトさせる。[2] このことには次のような4つの理由がある。(1) 十分な累進性が欠けている。(2) 賃金高税額控除が存在しない。(3)給与所得税額控除が除外されている。(4) **健康保険**の雇用主負担控除が除外されている。こうしたフラット税の分配効果は第3章で検討する。

　もし累進が重要ではないか，あるいは望ましくないとさえみなされるなら，家計税は必要ないであろう。そして家計税がなくなることは，租税の簡素化という点では甘美な勝利となるであろう。現行所得税を州の売上税あるいは付加価値税と完全に置き換えるという提唱者の中には，内国歳入庁の廃止と

4月15日に申告書を提出する必要がないという甘言で国民を惑わす者もいる。しかし（USA税提唱者同様に）国民の大多数は大幅な**累進税率**を選好するように思われる。

　フラット税提唱者はいくばくかの累進を認めている。それを達成するために，**内国歳入庁**と個人納税申告書を維持させるものの，はがきサイズの個人納税申告書の簡素化を強調している。彼らは家計税が単一税率であると述べるが，上記の通り，実際には2つの税率がある。彼らは，これらの2つの税率により多少の累進性を達成していると正確に指摘している。すなわち，賃金所得に対する税率は，家計の賃金所得が上昇するにつれて，上昇するのである。

　USA税の提案者は次のようなことを指摘している。大多数のアメリカ人は，公正を確保するためには現行の所得税に匹敵する累進度，つまり低所得（消費）層から高所得層に至るまで同程度の高い累進度が必要であると信じていると思われ，こうした累進度を実現するために，このような累進度が実現できる程に累進的な税率区分を有する税率構造を選好するのである。

　例えば，**Sheffrin**（1993）は**Hite and Roberts**（1991）が中心になってまとめた調査について報告している。彼らは抽出したサンプルの納税者に公正だと思う所得税率についてアンケートを行った。平均的な反応としては，低所得層に対しては2％，最高所得層（1991年では100,000ドル超）に対しては27％という平均税率（所得に対する税率）を望ましいとしている。ここで注意すべきは，最高所得層に対して27％の平均税率を達成するということは最上位のブラケットには27％以上の税率が必要であるということである。（フラット税提唱者によって提案された20％という税率よりかなり高い）。特に，サンプルの38％が45％を超える最高ブラケット税率を伴う税率表を，28％が1991年の税率表を，そして34％が所得控除を伴う相対的に低い単一税率を望ましいとした。

　USA税提唱者は，公正であるためには，現行所得税とほぼ同じ税負担配分を達成するような累進税率が必要とされるということで意見が一致している。彼らは4月15日の**納税申告書**を廃止することは望ましいものだと同意してい

るが，上の理由からそれを支持することができない。彼らの見解によれば，最低所得層から最高所得層にいたるまでのすべてにおいて真に著しい累進性を実現するためには，十分に累進的な税率構造を持つ家計税が必要である。そして，この租税システムの2つの構成要素（家計と事業）のうち主として税収をあげることになるのは累進的な家計税の方である。

　USA家計税は個人所得税とどのように違うのであろうか。そこには1つの根本的な相違がある。USA税はすべての貯蓄を税控除の対象とする，すなわちそれは無制限の貯蓄控除を与えるもので，それゆえ所得ではなく消費に応じて各家計に課税する。包括的所得税はいかなる貯蓄も課税控除可能としないが，現行所得税は，所得税の理想から離れる過程で，わずかではあるが，特定の退職貯蓄に限定した控除を認めている。

　この根本的な相違を完全に認識することは重要である。所得税の理想は，消費されるか貯蓄されるかに関らず，すべての所得に課税することである。所得税改革論者は，現行所得税を理想的な包括的所得税の方向へ推し進めようとしてきた。原則を忠実に支持するあまり，貯蓄に対するすべての控除を廃止しようと試みている。例えば，彼らは年金基金雇用主負担を課税対象となる被用者所得とみなし，個人退職年金控除を廃止しようとしている。彼らは退職貯蓄については勝つことも負けることもあったが，他の目的の貯蓄については，完全な勝利を勝ち取っている。

　消費税は所得税ほど累進的になりえないと，しばしば誤断される。その理由を明らかにすることは容易である。所得税は常に累進税率を持つ家計税であった。消費税は売上税や付加価値税にみられるように，伝統的に単一税率で事業に課されてきた。当然，累進を支持する者は伝統的に所得税に集まり，そして累進に反対する者は所得税を非難し，売上税あるいは付加価値税を擁護してきた。

　しかし，事業ではなく家計に課される個人消費税は，現行所得税とどの点においても，同程度に累進的となるような税率を用いることができる。現実的な個人消費税は比較的近年の提案であることに留意しなければならない。消費税はこれまで数千年の間，事業に課されてきた。それとは対照的に，家

計所得税の歴史はほぼ 1 世紀であり，そして家計消費税に関する最初の実現可能な青写真が示されてからまだ半世紀にしかならない。[3]

　著しい累進の提唱者は今ここで 2 つの選択肢を持っている。それは累進所得税および累進的個人消費税（USA 家計税）である。累進の提唱者は，事業会社に対して完全に課される消費税（売上税や付加価値税）や，あるいは事業会社に対し重く課される消費税（フラット税）に対して，今までどおり，慎重であるに違いない。しかし，今まったく新しい選択肢がある。それは，著しい累進税率を伴う家計消費税である。2 つの選択肢の違いは累進か否かではなく，何が課税されるのかである。すなわち，所得と消費の選択である。

　個人消費税の申告書を理解するために，その後ろに隠れているある手法を認識しなくてはならない。**クレジットカード**を使用した場合には若干のタイムラグを伴うが，家計消費は現金，即ち通貨や小切手によってまかなわれる。それゆえその手法とは現金の流れを追うことである。家計は，最初にキャッシュ・インフローを合計しなくてはならない。次に**非消費のキャッシュ・アウトフロー**を控除する。最後に残されるものは消費額である。当該年の消費額を計算するために用いられるこのようなキャッシュ・フロー技術は，この税が時として「キャッシュ・フロー消費税」と呼ばれるほど，実施上重要である。

　課税消費額に対して累進税率を適用する家計は，人的控除と**家族手当**を差し引いた後に仮税額を得る。その後に，家計は社会保障（FICA）賃金高税の負担分に対して，新しい**税額控除**を得る。また，低い賃金所得の家計は，これまで通り，給与所得税額控除を受ける。これらの控除が差し引かれ，家計は実際の税額に到達する。

　ここで強調されるべき重要な点は，当該年の消費を正確に計算するために，すべてのキャッシュ・インフローを合計し，非消費のキャッシュ・アウトフローを差し引くということである。ある特定のキャッシュ・インフローの中身が「所得」であるかどうかは重要ではない。重要なのはそのキャッシュ・インフローを含めることが家計消費を正確に計算するために必要であるか否かである。キャッシュ・フロー項目はそれ自身が課税されるのではない。課

税されるのは算出された消費額である。

　このようにして各家計はまさに所得税で行ってきたように，個人消費税申告書においても**賃金**と給与，**利子**と**配当**を含め，実際に受け取ったキャッシュ・インフローを合計することになる。しかし，所得税とは異なり，各家計は，預金口座や投資信託からの現金引出しと，**株券・債券**の売却からの受取り額も加えることになる。次に，所得税とは対照的に，家計は預金口座や投資信託への現金預入れと，株券・債券の購入を控除する。消費を正確に計算するために，家計が控除する額には制限が設けられない。すなわち，家計は無制限貯蓄控除を得ることになる。それぞれの口座あるいは投資信託の管理者は，暦年の現金引出しと現金預入れを各家計に報告する。

　納税申告書に関連するのは，銀行口座や投資信託への現金預け入れや引出しであり，投資信託に関するポートフォリオの市場価値変動ではないということを強調することは重要である。このような変動が関係しないのは，目的が，キャッシュ・インフローとアウトフローを追うことによって，家計の消費を計算することにあるからである。現金の預入れと引出しだけが家計の消費を計算するために必要とされる。

　個人消費税の設計者は，住宅と他の高価な耐久消費財の適切な取扱いについて考慮してきた。現に，購入した年にすべての税が支払われることを追求する方法ではなく，課税を長期にわたって繰り延べる何らかの実践的な方法を開発することが重要であるということについては，大方の意見が一致している。繰り延べというような目的を達成するための実践的なオプションは第4章で考察される。

　家計は暦年中に源泉徴収されたり支払われた税などのキャッシュ・アウトフローを控除することができるべきである。なぜなら，これらの控除は，家計における民間消費の正確な計算を実現するために必要だからである。私は，なぜUSA税が暦年で源泉徴収や支払いをするすべての税（連邦，州，あるいは地方）を控除不可としているのかを第4章で説明する。家計の課税ベースは民間消費と租税である。租税が全体として公共支出（政府によって家計に供給される消費サービス）を反映している程度だけ，家計の課税ベースは全

体としてその家計の総消費（民間および公共）に近づく。

　家計税は，**高等教育**と職業訓練に向けた支出，すなわち**人的資本**に関する制限付きの新しい投資控除を導入する。経済において投資の大部分は事業が行っているが，家計もまた若干の投資を行っている。人的資本が経済的に重要であるという認識から，新しい教育控除が家計税に盛り込まれる。高等教育授業料は，ある限度まで非消費のキャッシュ・アウトフローとみなされ，控除対象となる。

　USA税の2つの特徴である新たな**賃金高税額控除**と**給与所得税額控除**は，課税ベースが消費であるか所得であるかとは関係のないものである。近年の議会は，低所得の家計について所得税負担を減らしたものの，それらの家計の**賃金高税**は未だ相当に負担が高いものである。新たな賃金高税額控除が意味するものは，家計に対する納税額（USA税純額に被用者賃金高税を加えたもの）がUSA税率表によって規定される税額と等しくなるということである。[4] 給与所得税額控除が維持されているのは，もはや社会保障賃金高税を相殺するためではなく，逆に低い賃金の家計の所得を補うためである。その税率表は新設される賃金高税額控除を考慮に入れて調整されるであろう。

　個人消費税申告書の例は表4.1（87ページ）に示されている。概数が用いられているのは事例を単純化するためであり，それらは実際のUSA税率あるいは額を具体化しようとするものではない。申告書上のすべての項目については第4章で論じられる。USA税の設計者がUSA税やUSA家計納税申告書の実践的な詳細を修正し続けていることは強調されるべきである。この個人消費税申告書はUSA家計税の主要な要素を含んでいるものの，設計者が最終的に採用するUSA税申告書といくつかの点で異なるであろう。これらの問題は第4章で論じられる。

　このような規定を所与として，USA税の設計者は現在の所得税とほぼ同じ税負担の配分を達成するような累進税率とブラケットの組合せを試験的に推計してきた。これらの税率とブラケットは1995年法案に盛り込まれている。合算の申告書を提出している夫婦に関して，当初の税率は0％，19%，27%，40%となり，導入して3年後の税率は0％，8%，19%と40%となるであろう。

40％という税率は，課税消費額が24,000ドル超の時に適用される。これは，主にUSA税がそれぞれの家計に新設される賃金高税額控除をもたらすために，所得税において対応するブラケットよりもずっと低い。もし家計がもう100ドルの賃金所得を得てこれを消費するなら，純USA税と被用者賃金高税の合計は40ドル増加する。それ故，これら２つの税からの限界税率は40％であり，これはUSA税率表に定められたものである。今後の推計では，現行の所得税と同程度の累進を達成するために必要とされる税率やブラケットから変更されるかもしれないことに留意すべきである。

事　業　税

　事業税は控除型付加価値税である。これは法人所得税を置き換えるもので，すべての事業会社に適用される。それぞれの企業が，その売上収入と資本財を含めた他企業からの購入との差額に対しておよそ11％で課税されるであろう。その最も重要な特徴は，資本財の費用が現行の所得税におけるように多年にわたって漸次控除され（減価償却され）ずに，即時控除されることである。

　それぞれの企業における課税ベースは，付加価値（産出）から投資を引いたものに等しい。それ故に，事業部門全体での課税ベースは付加価値から投資を引いたものであり，それは消費に等しい。付加価値税がしばしば消費税と呼ばれ，そして一般的に消費者によって負担されていると考えられているのは，以上のような理由からである。このようにして事業税の下で投資は課税ベースから除外されるが，これはまさに家計税の下で貯蓄が除外されるのと同じである。そのためUSA税体系の２つの構成要素は，事業投資と家計貯蓄に対して現存するようなディスインセンティブを取り除く。

　他の諸国はたいてい**仕入高控除方式付加価値税**ではなくて，**税額控除インボイス方式付加価値税**を使っている。企業はその売上げに課税されるが，仕入れの時に支払った付加価値税について控除される。仕入高控除方式によっ

て計算された税額すなわち売上げと仕入れの差額の11％は，インボイス税額控除方法によって計算された税額つまり売上げの11％から仕入れの11％を引いたものと等しい。それぞれの方法の実務的な賛否については第４章で論じられる。合衆国の仕入高控除方式の利点の１つはすでに馴染みがあることである。それは合衆国の法人所得税で使われている方法だからである。もう１つ利点は，まさに法人所得税がそうであるように，たいていの企業に対して単一税率を維持する方が容易なことである。

家計税に社会保障賃金高税の被用者負担分について控除を認めているように，事業税は雇用主の負担分について控除を認めている。事業に対して新たな賃金高税額控除が意味するものは，事業会社に対する総税額（純 USA 事業税と賃金高税を加えたもの）が USA 事業税税率表によって規定された税額に等しくなるということである。これは売上げから仕入れを控除した額のおよそ11％にあたる。[5]

事業税は法人所得税を代替し，そして実質的には（社会保障を維持しながら）雇用主の賃金高税を代替する。付加価値税は消費者に，法人所得税が資本の所有者に，そして賃金高税が労働者に負担を課すると伝統的に想定している。そこで USA 事業税の構成要素は，労働所得や資本所得への課税に代えて消費への課税をする。それゆえに，法人所得税を（賃金高税額控除を伴う）USA 事業税と置き換える場合の，累進に対する純効果は明白ではない。

強調されるべきは，累進的な USA 家計税が USA 税収のおよそ80％，USA 事業税がわずか20％の税収をあげるということである。家計税の累進性は，USA 税全体が累進的租税負担配分を達成することを確かなものとする。特に USA 家計税は，低所得および中所得の家計を保護するために，累進税率や新設される賃金高税額控除，給与所得税額控除を用いる。よって事業税の分配への影響は，USA 税の下では相対的に大きなものではない。

それとは対照的に，州の売上税または付加価値税を家計税に置き換えることを意図した場合，事業税の分配の影響は決定的である。なぜなら，それが家計税によって相殺され得ないからである。事業税が総税収の約２分の１をあげ，家計税は正値の単一税率を有し，給与所得税額控除はなくなり，そして

賃金高税額控除が存在しないフラット税では，事業税の配分の影響は大きい。

USA事業税すなわち控除方式付加価値税は，投資に対する即時控除に加え次の5つの特徴により現在の法人所得税と区別される。第1に，金融の取引きは（金融機関以外）無視される。利子と受取り配当金が除外され，ゆえに利子と支払配当金を控除しない。よって事業税においては利子と配当を同じように扱うことになる。これは現在にみられるような借入資本調達への偏重を取り除く。第2に，現時点のキャッシュ・フローが企業の税を算定するために使われる。それゆえに複雑な発生主義会計が必要とされない。第3に，この税は地域限定である。合衆国で生産された財のみが課税の対象とされる。これは海外従属会社の会計を行う複雑さを排除する。第4に，この税は「国境調整が可能」である。輸出売上げは除外され，そして輸入は課税される。これは貿易相手国の国境調整可能な付加価値税との適切な統合ができるようになる。輸出は，二重に課税されることなく，輸入国の付加価値税によってのみ課税される。他の付加価値税採用国が輸出を除外するために，付加価値税採用国からの輸入は，国内生産者と同様に課税される。

第5に，**被用者報酬**は控除可能ではない。これは，**フリンジ・ベネフィット**と利子を含めたすべての報酬を控除する現行の法人所得税よりも大幅に課税標準を大きくし，そして被用者現金報酬を控除するフラット税よりも課税標準を大きくする。より大きい課税ベースは，より小さい税率で同額の徴収を可能にする。この様に報酬を控除しないことにより，負の課税ベースを有する，すなわち翌年に繰り越される税控除が与えられる企業の数が減少する。

本書のアウトライン

この章ではUSA税を簡潔に説明した。次の資料は個人消費税が過去の半世紀にわたりいかに発展したかという興味あるストーリーを綴っている。第2章では貯蓄に対する影響を，第3章では公正の問題を，第4章は実施上のオプションに関する構想を，第5章では簡素化について，そして，第6章では

質問と回答（Q & A）を取り上げている。

資料：個人消費（支出）課税の歴史

　家計所得税を家計消費税（消費所得税あるいは支出税ともいわれている）へと転換することについての利点について，過去20年多くの論文や会議，そして討論で取り上げられてきた。1992年に，上院議員の**Pete Domenici**（ニューメキシコ州選出共和党議員）と**Sam Nunn**（ジョージア州選出民主党議員）らによる共同議長**戦略国際問題研究所**の**アメリカ強化委員会**はこうした転換を支持した。1995年に，**Domenici**と**Nunn**そして**Bob Kerrey**（ネブラスカ州選出共和党議員）らの後援の下で，上院に**USA税法案**が提出されたことは，エール大学の**Irving Fisher**とケンブリッジ大学の**Nicholas Kaldor**という2人の著名な経済学者の研究論文により半世紀前に始まったストーリーの一里塚となっている。事実，**Kaldor**が報告するように，**個人消費税**の考えは，非常に古くからある。

　Kaldorは，彼の有名な出版物である1955年の*An Expenditure Tax*（時子山常三郎監訳『**総合消費税**』東洋経済新報社，1963年）で，政治哲学者の**Thomas Hobbes**（リバイアサン30章）から次の引用をしている。

> （前略）租税の公平は，消費さるるものの公平のうちに存し，同じきを消費する人びとの財の公平のうちに存するにあらず。なんとなれば，一方の者他方の者に比し，国家よりより多くの保護を受くるにあらざるに，多く働き，しかしておのが労働の果実を貯え，消費すること少なき者の，怠惰に生き，稼ぐこと少なく，稼ぎたるは全て消費する者より，より多き負担を負うべきいかなる理由の在するや。然れども，租税にして人びとの消費するものの上に課せらるるや，全ての者，その使用するものにつき公平に納め，しかして，私人の奢侈的浪費により，国家の詐取さるることもなし（時子山常三郎監訳『総合消費税』東洋経済新報社，1963年，p. i）

　Kaldorは序論で，個人消費（支出）税に関する興味深い背景事情を提供し

ている（11-13ページ）。

　個人に対する課税はその支出を基準にするべきであって，その所得を基準にすべきで無いという考え方はけっして新しいものではない。人々がどれだけ稼得するかに応じて課税するよりも，人々がどれだけ消費するかに応じて課税する方が，公正という点ではまさっているという主張は，300年前**ホッブス**によって簡潔に表明された。この主張は100年とちょっと前に，**ジョン・スチュアート・ミル**によって『経済学原理』の中で，多少異なる論拠に立ってふたたび主張され，彼はまたそれをいろいろの機会に，特に1861年の所得税および財産税に関する特別委員会の席上で，詳細に論じている。**ミル**の主張は，イギリスの**マーシャル**と**ピグー**，合衆国の**アービング・フィッシャー**，およびイタリーの**ルイジ・エイナウディ**のような一連の著名な経済学者によって取り上げられた。それが含む意味においてかくも革新的でしかも回顧すればかくも輝かしい前歴を認め得る思想は，経済学の分野では殆ど類例をみない（時子山常三郎監訳『**総合消費税**』東洋経済新報社，1963年，p.1）。

Kaldorは，主な障害が実用性にあると思われると指摘している。

　この問題の十分な探究が遅れたのは，——この「理想的」な課税制度を実施に移すとなると，各人の費消をもとにしてその税額を査定する際に遭遇する税務行政上の困難があまりに大きすぎるということは，わかりきったことと考えられていたので——このような租税の長所短所の研究はその大部分がアカデミックな仕事である，という抜きがたい信念のためでもあった。たとえば**ミル**自身も，右の特別委員会で，唯一の「完全に申し分がなく，かつ正義にかなった所得課税原理」は「一切の貯蓄を免税とする」ことであると宣言しながらも，そのあとで，「貯蓄は個人の場合にはその額を正確にとらえることができぬ」ものであり，したがって租税制度が右の原理に則って果たし得ることは，せいぜい，貯蓄を多く生むと想定し得る所得ほど，そのような所得は概していつまで続くものでも，またあまり頼りになる性質のものでもないという理由で，それだけ寛大に課税してやることぐらいなものである，と述べている。同様に**マーシャル**も，個人支出に対する累進税は他のいかなる直接または間接の課税形態よりもすぐれていることを示唆しながらも，この租税を「ユートピア的目標」として扱っている。もっとも彼は「この理想的に完全なものへの道はけわしいけれども，しかしその道はほかの大抵のユートピア的目標の場合よりははっきりと

たどることができる」と付け加えてはいるが。ピグー教授は，その著『財政学研究』の中でも，また国債および課税に関するコルウィン委員会での証言の中でも，不正直な市民が「ある年に貯蓄し，かくして課税を免れ，そして次の年にひそかにその貯蓄を売払い，そして消費する」ことを慣用手段とするのを防止することはできぬという点にふれている。ケインズはコルウィン委員会での彼自身の証言の中で，総合消費税は「おそらく理論的には妥当なものであろうが，実際的には不可能である」と述べることによって，この租税を一言のもとに片付けてしまっている（時子山常三郎監訳『**総合消費税**』東洋経済新報社，1963年，p.2）。

Kaldor は，1937年にエール大学の **Irving Fisher** により，実用性の面で大いなる前進があったと述べている。

> 要約すれば実はこうした態度が，大部分の経済学者の態度なのである。この問題が新たな重要性を認められるようになったのは，**フィッシャー**がかなり晩年になって，複式簿記の原理を「資本」と「所得」の理論分析に応用することに長い年月を費やした後に，個人の純貯蓄または負の貯蓄も事業貯蓄を算定する場合とまったく同じ会計原理に基づいて算定することができるということを発見してからのことである。1937年の初めに発表された**フィッシャー**の画期的な論文は，ほとんど注目をひかなかった。しかし彼がその後種々雑誌に発表した書きものと，戦時中出版されたこの課題についての彼の著書は，1942年9月に，合衆国財務省をして戦時税制のための重要な示唆として，累進消費税案を議会に提出させるほど関心をもたせたことについては，あずかって力があったことは間違いない。イギリスでは，おそらく戦争によって思想の国際的交流が中断されたためであるが，**フィッシャー**の業績はなんらの注目もひかなかったし，また私の知るかぎり彼の著書はイギリスのどの雑誌にもかつて批評を加えられたことがない（時子山常三郎監訳『**総合消費税**』東洋経済新報社，1963年，pp.2-3）。

Irving Fisher とその兄弟 **Herbert Fisher** による先駆的な著 *Constructive Income Taxation* (1942年，pp.3-6) の始まりを引用してみよう。

> この著では，たとえ短期間であれ戦時中における所得税の改善方法を示すことが主な狙いであるが，われわれは，先ず平時戦時を問わず，問題全体の理想的かつ永久的な解決であると考えられるものを示すべきである。われわれは，そのような理想的な計画が直ちに完全に取り入れられるとするのは，余りにも

過大な期待であると十分に認識している。しかし，われわれの究極の目的として明確に理想を設定することによって，その理想への道標をより確実に示すことができるだろう。

長年，所得税法に対するまったく新しいアプローチが必要とされてきた（後略）。われわれの見地からすると，現行所得税には多くの点で異論がある。それらを例示してみる。

(1) 現行所得税は，納税者と政府の両者にとって不公正である。なぜなら，二重課税（貯蓄とその果実に課税する）であるばかりでなく（中略），特に「有閑階級」のように単に浪費する者よりも，国富を産み出す者に対し重く課税するからである。
(2) 資本の増加に課税することにより目先の利益に着目するようになり，将来の利益が断たれてしまう。
(3) 産み出すはずの税収の大半を実際に無にしてしまっているために，現在の所得税は不得策といえる（後略）。

〔課税標準〕

われわれの提案の本質的な特徴は，提案する課税標準が消費された所得であるということである。つまり，生産目的に用いられると思われる未配当利潤や投資といった全ての貯蓄所得を除く消費目的に充てられた所得という点にある。

Fisher らがすでに認めているように，これらの案は新しいものではない。彼らの唯一の貢献は，実用性という側面に触れたことであると控えめに述べている。彼らは次のように述べている。

総所得のうち貯蓄せずに消費支出した部分に対してのみ課税するとしている基本的に同一の提案は，**John Stuart Mill, Alfred Marshall** 教授，**Luigi Einaudi** 教授等によって「理想的」であると賞賛された。しかし，これらの権威者の大半は，「消費支出」が不完全かつ正確でない記録方法によってのみ測られ得る（と考えた）ために，この理想を達成することは不可能であるとみなしたのである。

奇妙なことに，「消費支出」が課税所得に対する唯一の公正かつ論理的な課税標準であると認識する者は，しばしば，それを応用することがいかに実践的であり簡素であるかということを理解し損ねているのである。

われわれは，自分達が1日で支出したものをどのように把握するのであろう

か。それには2つのデータが必要になるだけである。
1. 支出可能額，つまりわれわれがその日に所持している，もしくは受け取るものである。
2. 支出しなかった額，つまりその日の終わりに手元に残ったものである。

現在の提案で真新しいことといったら，それはこうした簡素な方法を担税問題に適用することだけである。

さらに，この計算のために必要とされるデータは，議論の余地がある推定値に依存することの多い現行所得税で用いられるデータと比して，極めて信頼に値するものである。

そしてわれわれは，食品，衣類，賃貸料，娯楽費など1つ1つの項目を足すのではなく，すべての財源からの総収入を合算して，「消費支出」以外のすべての出費を控除した課税支出を算定することを提案する。この提案での主な控除は，投資，課税年度内に支払われた税そして納税者とその被扶養者に対する適宜な控除である。

Fisher たちは，節の冒頭に説明をもってきているように，売上税に対する家計消費税の利点を強調する。

〔その税は**贅沢税**となるであろう〕

われわれの提案した新しい所得税は単純な支出税にとどまらないことが知れよう。それは，実際，贅沢支出税である。この場合，「贅沢」とは合理的範囲内の生活必需を超過した部分と定義される。こうした生活必需はたいてい，「最低生活費の免税」により課税を免れる。こうして，売上税と異なり，このような贅沢税は，生活必需支出の税の軽減あるいは免税を認めることで，非常に貧しい者の支出に対する課税を免れさせる。中間所得層や富裕者は負担を負う。というのは，支出が多ければ多いほど，それよりは贅沢であることを意味することになり，税率はそれだけ高くなるからである。

こうした贅沢支出税は，たとえば，高価な自動車，オペラ・チケット，あるいは東洋の絨毯のような個別の贅沢品に物品税を課すよりも真の贅沢税といえる。個別の対象を「贅沢」と満足いくように定義するのは不可能である。しかしながら，全体として，贅沢支出とは何かを満足いくように規定し，しかもそれに一定の累進を設けるのは，容易である。

18　第1章　USA税

　彼らはまた，実践的な計算方法を備えた「**純現金収入税**」という用語を紹介している。今日，類似用語である「キャッシュ・フロー税」は同様の趣旨を持っている。彼らは以下のように述べている。

〔純現金収入税ともなるであろう〕

　　この提案された租税に対して，2つのうちのどちらかの名称が用いられるであろう。1つは支出の側面から，そしてもう1つは受取りの側面から示されるものである。
(1)　支出税
(2)　ここで呼ばれるところの純現金収入税
　　純現金収入とは，納税者が課税年度内にすべての所得源泉から受け取った総支払報酬額から同年に所得源泉を生み出すであろう支払額および法が指定しているその他の特定控除を差し引いた額と定義される。

　1955年の **Kaldor** の著書は，この提案を活用できるものとし，その採用支持論を唱えた（第3章では，彼の著書から重要な節が引用されている）。しかし，1970年代半ばまでは，合衆国，英国，欧州諸国において，新たに関心が高まることや，分析がなされることがなかった。経済学者の **David Bradford** の指揮の下で，**合衆国財務省**は *Blueprints for basic Tax Reform*（1977年）を世に出した。それは，包括的所得税とキャッシュ・フロー消費税の両者を実践上のかなり詳細に至るまで考察したものである。その序文（第2版，1984年，pp.2-3）において，以下のように述べられている。

　　この研究は，重要な点で現行の税法から逸脱した広い課税標準を持つことが実現可能であると示している。具体的な代替の計画を提供することにより，報告は抜本的な税制改革に狙いを定めた将来の立法のための指針を示したものである。解決されるべき主要な政策課題をも指摘している。消費概念に基づいた租税システム案を示すにあたり，この報告は税制改革についての見込みのある代替的なアプローチを示している。それは，想定されるほど現在のシステムとは違わないものであり，そして首尾一貫して実施されるのであれば，公正，簡素，経済効率の点でかなりの利点を備えるはずである。

資料：個人消費（支出）課税の歴史　19

　英国では，ケンブリッジ大学のノーベル経済学賞受賞の James Meade の指揮の下で，長くそして詳細な報告書が，財政研究所によって *The Structure and Reform of Direct Taxation*（1978年）のタイトルで発表された。その報告では次のように結論づけている（p.502）。

　　累進支出税は，企業や経済発展に最大の機会を与えている（というのは，こうした経済発展に充てられる資源がすべて課税から免れるからである）。しかし，同時にそれは資本資源の支出を含めて，多くを消費支出した者に対して重課するのである（後略）。これらの理由により，委員会の1人を除いてすべての委員は，移行の問題に対処できる支出税を明確に選択している。

第2章 貯　　蓄

なぜ所得税から無制限貯蓄控除税（USA税）へと移行するのか。多くのUSA税提唱者によれば，その主な理由は合衆国経済の貯蓄率を引き上げることである。しかし，これは重要なことであろうか。そしてUSA税は実際に貯蓄率を引き上げるのであろうか。

憂鬱な事実：合衆国は低貯蓄の国である

多くのアメリカ人は，将来の相対的および絶対的な生活水準にとってきわめて重大な2つの経済的事実に気が付いていない。第1に合衆国は数十年の間，他のたいていの先進国よりも持続的に貯蓄率が低かった。第2に合衆国の貯蓄率は過去20年にわたって下落してきた。表2.1と2.2はそのことを物語っている。

表2.1は1960年代，1970年代，1980年代，1990年から1992年までの**経済協力開発機構（OECD）**加盟国の粗貯蓄の対国内総生産（GDP）比を表している。国名は，1980年代の順位に従って表示されている。23カ国の経済協力開発機構のなかで，合衆国は1960年代には19番目，1970年代には21番目，1980年代には18番目，1990年代の最初の3年には21番目に位置づけられている。1980年代の上位国である日本とスイスがそれぞれ31.7％と28.5％の貯蓄をしているのに対して，合衆国は17.7％を貯蓄するのがやっとであった。

表2.2は1992年に最も大きいGDPをもつ5カ国のOECD加盟国に関して，純国民所得に対する純貯蓄の割合を示している。純貯蓄は粗貯蓄から資本ス

表2.1　GDPに占める粗貯蓄率

	1960年代		1970年代		1980年代		1990—1992年	
	順位	%	順位	%	順位	%	順位	%
日本	1	34.5	1	35.3	1	31.7	1	34.3
スイス	2	29.4	2	28.6	2	28.5	2	30.2
ノルウェー	6	27.4	4	26.8	3	27.7	7	23.5
オーストリア	4	27.7	3	28.0	4	24.3	4	25.8
ポルトガル	15	23.1	6	26.0	5	24.3	3	25.9
フィンランド	9	25.4	5	26.7	6	24.2	17	17.3
オランダ	5	27.6	11	24.9	7	23.1	6	24.9
ドイツ	7	27.3	13	24.3	8	22.3	8	23.5
イタリア	3	28.1	7	25.9	9	22.0	13	18.7
スペイン	11	24.7	10	25.5	10	21.1	10	20.9
カナダ	17	21.9	16	22.9	11	20.7	19	15.4
オーストラリア	12	24.7	14	24.1	12	20.6	16	17.9
フランス	8	26.2	8	25.8	13	20.5	11	20.7
ニュージーランド	18	21.2	17	22.2	14	20.1	15	18.1
トルコ	23	14.8	23	17.1	15	19.3	12	19.8
アイスランド	10	25.4	12	24.8	16	18.7	20	15.4
アイルランド	21	18.4	18	21.3	17	18.4	5	25.0
合衆国	**19**	**19.9**	**21**	**19.6**	**18**	**17.7**	**21**	**15.1**
ギリシャ	20	19.2	9	25.8	19	17.7	22	14.9
スウェーデン	13	24.0	19	21.1	20	17.7	18	16.5
ベルギー	16	22.4	15	23.1	21	16.9	9	21.3
英国	22	18.4	22	17.9	22	16.6	23	13.8
デンマーク	14	23.3	20	20.9	23	15.4	14	18.6

出所：OECD National Accounts, presented in OECD 1994b, 表2.1, pp. 21-24.

トック減耗分を差し引いたものである。したがって、純貯蓄は減耗分を相殺するために必要とされる額を超過する貯蓄部分を示している。正の純貯蓄は資本ストックを実際に増加させるために必要である。そして純国民所得は国民総所得から減耗分を引いたものに等しい。

　GDPが最も大きい5つのOECD加盟国の中で、合衆国は、30年間、純貯蓄率が大差をもって最低であり、すべてのOECD国の平均を大幅に下回っていた。5カ国の、そしてすべてのOECD加盟国の純貯蓄率は1970年代から1980

表2.2 純国民所得に占める純貯蓄率

	1970年代	1980年代	1990—1992年
日本	25.6%	20.9%	23.0%
ドイツ	15.1%	11.2%	12.4%
フランス	17.1%	9.0%	8.7%
イタリア	16.4%	11.2%	7.6%
合衆国	**9.1%**	**5.2%**	**2.5%**
OECD	13.8%	9.7%	8.7%

出所：OECD 1994a；パーセンテージは著者により計算されたものである。

年代までの間低下した。しかし，1990年代初期に，日本とドイツは純貯蓄率低下を止め，日本は23.0%，ドイツは12.4%となった。そして一方，合衆国はわずか2.5%にまで低下した。

貯蓄は重要か

　貯蓄の何がそれほど重要なのであろうか。貯蓄は将来の生活水準の鍵である。(**Seidman** 1990b，2章）貯蓄が工場，設備，技術，研究，開発，教育，訓練というような投資の資金供給をする。そして，**資本蓄積**は1人あたりの産出量すなわち「生産性」を引き上げるのである。最終的に労働者1人あたりの産出が高まることにより，労働者1人あたりの消費を高めることができ，**生活水準**をより高めることができる。

　基本的な質問をすることにしよう。何十年にもわたり，ある国の生活水準を徐々にあげていくものは何であろうか。多くの要因がそれに寄与するが，その中核をなしている要因は，資本蓄積である。資本は労働者の生産性，すなわちある期間に労働者が生産できる産出量（財またはサービス）を引き上げるものである。

　資本の一種に物的資本というものがある。農夫にトラクターを，工場員に設備を，事務員にコンピューターを与えると，生産性は向上する。橋や高速道路やテレコミュニケーションのネットワークを作ると生産性が向上する。

2世紀前の旧式な道具で生産しようとするアメリカの労働者や、今日の海外における貧しい国で同様に努力している労働者の姿を見ると、労働者の生産性を向上させる物的資本の力を十分理解できるであろう。

しかし、資本は物的資本以外のものも含んでいる。資本は知的資本も含み、それは過去の経験や研究から蓄積されてきた技術的知識のストックである。設計図のストックは特定の財やサービスのつくり方を示す。もし突然その設計図を失うと、どのようなことが起こるのであろうか。われわれは車輪そしてそれ以外のすべてのものを再発明しなければならないであろう。それゆえに、知識もまた重要な資本の構成要素なのである。

最後に資本には、教育や訓練からの結果である労働力である**人的資本**も含まれる。もし労働者が設計図を理解したり機械を操作するための教育や訓練をされていなければ、ストックされた設計図と機械はあまり役に立たないであろう。

資本の力が明らかとなっている今、われわれは資本からより多くを得るにはどのようにすればよいであろうか、そして、資本を蓄積するにはどのようにすればよいであろうか。われわれは毎年の古い資本の減価(減耗)を超える投資を行わなくてはならない。資本ストックは1月1日の時点で10兆ドルであり、そして年間で1兆ドルが利用により減耗すると想定しよう。もし毎年2兆ドルの新たな資本を作り出すなら、次の1月1日に資本ストックは11兆ドルとなる。

われわれは十分な投資財を作りだすにはどのようにすればよいのであろうか。投資は貯蓄によって賄われなくてはならない。企業はただ貯蓄を引き出すことによってのみ、投資財購入のための資金を調達することができる。この貯蓄とは、企業の留保利益や家計の貯蓄である。家計がさらに貯蓄をすすめることで、企業に貸付をする銀行により多くの資金を利用可能にさせ、企業の株や社債をより多く購入し、株・社債の購入を行うファンドへより貯蓄し、企業にさらに多くの投資をするための資金調達を可能にさせる。

貯蓄率がより高いというのは素晴らしいことのように聞こえる。しかし、定義からすれば、それはより低い消費率を意味する。貯蓄とは消費されない

所得と定義される。もしわれわれが国の**貯蓄率**（所得に占める貯蓄の割合）を20％から24％へ引き上げるならば，定義により80％から76％へ消費率（所得に占める消費の割合）は下落する。

より多くの投資財を生産するために必要なものは何かを知る方法がもう1つある。短期の犠牲を説明するという方法である。われわれの労働力は消費財を生産すること投資財を生産することの2つに分けられる。完全雇用という状態で，もしより多くの労働者が投資財を生産するなら，消費財の生産をすることができる労働者はより少なくなる。もし投資財生産に振り向ける労働力の割合を20％から24％へ引き上げるなら，消費財生産に振り向ける労働力の割合は80％から76％へ低下する。こうしてわれわれはトレードオフに直面する。今日のわれわれの投資率がより高ければ，明日の資本ストック，産出，消費がより大きくなるであろう。しかし，今日の消費率はより低いものとなる。

これは，われわれが今年の消費を昨年の消費以下に抑えなければならないことを意味しているのであろうか。**景気後退**を迎えなくてはならないのであろうか。その答えはノーである。しかし，われわれは慎重にならなければならない。われわれは投資率をかなり漸次的に上昇させていかなければならない。これはどのようにするのか。通常，合衆国経済の（インフレ調整された）実質的産出量は1年におよそ2.5％成長し，そして貯蓄や消費も成長する。われわれが目指すものは，数年間投資財を2.5％以上の速さで成長させて，そして数年間消費財をプラスだが2.5％以下の成長となることを受け入れることである。この移行期の間は，消費は通常よりも緩慢に成長し，投資率は次第に上昇するようになり，消費率は次第に下落するようになるであろう。雇用の伸びは，投資財部門ではより速く，消費財部門では緩慢となるであろう。消費財部門で労働者が引退または退職した時，しばしばその分の補充がされないであろう。しかし，漸進主義はレイオフを避けることができる。ひとたび移行が完了すると，両部門が同じ率でもう1度成長することができる。すなわち，永続的な高い投資率とより速い資本蓄積によって今日よりも率がわずかに高くなるであろう。

まもなく産出と消費は，一時的な犠牲のおかげで，犠牲のなかった産出や消費よりも長期的に高くなる。しかしどの程度まで高くなるのか。そしてどれほどの間，犠牲を強いられるのか。犠牲はどのくらいの時間を要するのか。ここで「犠牲時間」というのは，消費は成長しているが，犠牲のない場合の消費の水準を下回っている期間のことである。

　同僚の Ken Lewis と私は，最近40年間の合衆国経済のデータに超越対数生産関数を適用することで（Lewis and Seidman, 1994），合衆国経済に関するこれらの疑問に答えを出そうとした。生産の2つの要素とは労働投入とわれわれが積み上げてきた年代を重ねた資本ストックである。年代を重ねた資本ストックには，技術進歩が体化されたより最近の資本がより生産的であるという事実が認められる。ここではじめに15％である民間の粗投資率に焦点をあて，合衆国の投資率が上昇することを試算してみよう（政府購入投資を含めると総投資率は20％に近い）。われわれは経済が大きな景気後退なしに，生産構成のシフトを吸収する時間的余裕を認めるために，3年あるいは6年にわたって18％に段階的に増加すると考える。

　ここに1つの発見がある。労働者1人あたりの資本と産出はただちに上昇するが，労働者1人あたりの消費は犠牲のなかった状況と比して最初はより緩慢に成長する。もし投資率の増加が急であるなら犠牲となる時間はわずか5年間であるが，しかしより慎重に段階的導入をはかると犠牲となる時間は10年弱となる。したがって10年以下ならば，犠牲は，労働者1人あたりの消費が投資率がまったく上昇しない状況で起きたであろう水準に達成した時に終わる。その時から，犠牲のない場合よりも，労働者1人あたりの消費は永続的に高くなる。50年後に，労働者1人あたりの産出は毎年10％だけ高く，そして労働者1人あたりの消費すなわち生活水準は，投資率が増加しなかった場合よりも毎年6％だけ高くなる。短期の損失と比較して長期の利得はどのくらい大きいのか。投資収益率すなわち長期の利得の現在価値を短期の損失の現在価値に等しくする割引率はおよそ13％で，確かにかなりの収益率である。

　しかし，いかにすれば投資財を生産する企業を移行期間中に通常よりも速

く成長するように誘導できるのであろうか。ほかの企業が発注するペースをより速くするならばそれは実現できるであろう。企業にもっと多くの発注をするように誘導するのは，**連邦準備制度**の仕事である。もし連邦準備制度が利子率を下げるならば，企業はより多くの投資財を購入するためにより多くの借入れをすることが利益と考えるであろう。よって連邦準備制度は投資財部門のより速い成長の鍵を握っている。

　消費財を生産する企業を，移行期間中に通常よりもゆっくりと成長するように誘導できるであろうか。もし家計が消費需要の成長を遅らせるなら，それは実現されるであろう。何が家計にそうさせるのであろうか。それは何かが家計に貯蓄率（所得の中から貯蓄をする率）を徐々に上昇させ，それによって消費率（所得の中から消費をする率）を徐々に低下させるにちがいない。勧告ではそれを実現することはできない。しかし，租税政策の抜本的改変は十分成功をおさめるチャンスを持っている。所得税から消費税（売上税，付加価値税，フラット税，USA税）への移行はいかなる場合も家計に貯蓄率を上昇させるインセンティブを与える。ここで，租税システムを移行することの有効性について検討する。

もうひとつの憂鬱な事実：合衆国の緩慢な生産性成長率

　短期の犠牲の存在を知った今，経常的な現在の生産性（労働時間あたりの産出）の成長が，貯蓄率の上昇を必要としないほど十分に速くなって欲しいと願うのは当然のことである。しかし残念ながら事実は違っている。**経済諮問委員会**の経済学者が大統領の経済報告（経済教書）で以下のように報告した（1992年，92-93ページ）。

　　労働者1人あたりの資本の成長は，長期にわたり生産性の成長と密接に結びついている。例えば，1959年から1973年まで労働者1人あたりの資本は民間事業部門において年2.4%で成長し，この部門の生産性は年2.8%で成長した。1973年から1989年まで労働者1人あたりの資本は毎年0.8%で成長し，そして生産性

向上は年間0.9%であった。

多くの研究によって様々な国民投資率と生産性の成長率の間に高い相関関係が認められている。過去数十年間，主要な産業国の間で，合衆国は投資率が最も低く生産性の成長も最低であった。最近のOECDの調査によれば，国民総生産の一部である合衆国の粗投資は1971年から1980年の間で平均19%であり，1981年から1989年の間で平均18%であったが，日本のそれらの数字は29%であった。1950年から1979年の間に，合衆国は「G7」工業国（カナダ，フランス，ドイツ，イタリア，日本，英国）の中で労働者1人あたりの資本の成長がもっとも低かった。

その時から事態は改善したのであろうか。1番新しい大統領の経済報告（経済諮問委員会，1996，p.58）によれば，それはほんのわずかである。そのデータは合衆国における生産性の成長に関する最新のものであるが，非農業における1時間あたりの産出の成長は，1960年から1973年までが年率2.9%，1973年から1981年までが1.1%，そして1981年から1995年までが1.1%であった。またこの報告書は，1995年から2002年までの成長が年率1.2%になると予測している。

投資と労働者の実質賃金

驚くことではないが，**実質**（インフレ調整済みの）**賃金**の伸びは生産性の成長とともに低下してきた。もし，すべての労働者が，スキルのレベルに関らず同じ率でゆっくりと改善されるだけなら，緩慢な賃金の伸びは非常に憂慮すべきことである。しかし第3章でみるように，最近では緩慢な平均成長率に深刻な不平等が加わっている。つまり低いスキルの**賃金**は高いスキルの賃金よりもかなり緩慢に成長しており，また多くのケースでは事実として下落さえしている。

長期的な視点からみるなら，**資本蓄積**は何十年にもわたってすべてのスキルレベルの労働者の実質賃金を上昇させる鍵であった。主に高スキルの労働者の生産性を引き上げた機械があった一方で，低スキルの労働者の生産性を

上昇させた機械もあった。資本蓄積が一般にいずれをよりはやい率で高めたのかは興味をひく問題である。しかし絶対値でみれば，資本蓄積は両方の実質賃金を引き上げた。資本蓄積は，長期にわたり，働く能力と意思をもったスキルの低い大多数の人のための，有効な反貧困「プログラム」であった。

近年，低いスキルを持った多くの労働者の賃金改善に失敗しているので，人々は最優先して投資率を高めるべきである。短期的には，低賃金労働者は，低賃金を条件とし，政府からの補助金として機能する，給与所得税額控除によって助けられる。しかし長期的には，低賃金労働者は，高い国民投資率により達成され，生産性と賃金上昇をもたらす，より早い資本蓄積を必要とするのである。

より高い投資率というものは，どれくらいの差をもたらすのであろうか。近年，**Ken Lewis** と私は，合衆国経済に関して，実証研究を通じてこの疑問に答えを出そうとしている（**Lewis and Seidman**, 1993）。まずわれわれは，合衆国の労働者を低い水準で教育された者と高い水準で教育された者とに分け，直近20年間の合衆国のデータに超越対数生産関数を適用した。そして次に，段階的に合衆国投資率が上昇してゆくことが，双方の教育水準の労働者の限界生産性（追加的な労働から生じた追加的な産出）にもたらす影響について試算した。経済理論によれば，実質賃金は労働の限界生産性に等しくなる傾向があり，よって労働者の給料は彼らの生産性が上昇したときに増加する。

われわれが発見した事は次のとおりである。もし3年間にわたって合衆国投資率が20％上昇するならば（例えば，もし民間粗投資率が15％からその2割増しの18％まで上昇するならば），低い水準で教育された労働者の実質賃金は，そうでなかった場合に比して10年で3％高く，20年で4％高くなる。高い水準で教育された労働者はなおさらである。彼らの賃金は10年で5％高く，20年で9％高くなる。

よってわれわれは，合衆国投資率の段階的な上昇が，低スキルの労働者の絶対的な実質賃金を引き上げるであろうと推定する。しかし，彼らの賃金は高スキルの労働者のそれと同じ様には上昇しないであろう。それではどの様

な政策が採用されるべきであろうか。もしわれわれが低スキルの労働者の絶対的な賃金と生活水準を最も重要視するならば、投資率を高めることがそれをもたらすであろう。結果として生じる恐れがある不平等の拡大については、租税システムの累進度を高めることによってこれを相殺することができる。

このことは重要な問題を提起している。何らかの消費税（小売売上税，付加価値税，フラット税，USA税）への移行は国民消費率をより低いものとし，そして連邦準備銀行が適切な手法をとるなら，国民投資率をもより高くするという結果をもたらすであろう。つまりいずれの消費税も，低スキルの労働者を含めた，すべての労働者の実質賃金を引き上げる可能性を持っているのである。しかし，低賃金労働者と高賃金労働者の間に生じ得る不平等の拡大に対して，対処することができる可能性を持つのは，家計税に累進的な税率を持つUSA税のみである。実際に所得により大きな不平等が存在するなら，USA税率はより累進的に設定される。こうした選択肢は，他の消費税では選ぶことができない。

貯蓄率の引き上げに関する伝統的経済議論

経済学者でない人々は，前掲の議論をしばしば説得力があると考えるが，一部の専門家たる経済学者の反応はもっと慎重である。彼らは，もし市場が結果としてある決まった国民貯蓄率を示すならば，例えそれが低いとしても最適であると論じる。平均的な日本の市民は，ジャガイモよりも米の方を選好するのと同じように，現在消費よりも将来消費の方を選好しているように思われる。しかしながら，もし経済学者が市民の選好を尊重するなら，米とジャガイモの間の選好と同じように，将来消費と現在消費の間の市民の選好にも干渉するべきではない。合衆国の経済学者は，ジャガイモから米へとアメリカ人の選好を転換させるために租税システムを用いることについて批判的であるにも関らず，現在消費から将来消費へとアメリカ人の選好を転換さ

せるためにそれを用いるのは何故であろうか。

それゆえこうした一部の経済学者には，現在の国民貯蓄率の最適性を疑う人々に対して証明をする責任があるが，現在の国民貯蓄率は他の経済先進国と比較して低いものである。この対立は公正であろう。租税制度を貯蓄の引き上げに利用することは，こうした堅牢な規範に適うものであろうか。以下では，伝統的な議論と先進的な議論を見てゆくことにする（**Seidman**，1989）。

もし誰かが自由市場に米とジャガイモの量を決めさせることに異議を唱えるなら，たいていの経済学者は猛反対するであろう。もしわれわれがジャガイモではなく米に課税をしたとしても，経済学者はそれが市場の資源配分を歪めるため望ましくない（非効率的になる）ことに真っ先に同意する。というのも，米がジャガイモと比較して過少に生産されるようになるからである。

しかし合衆国経済は，現行の所得税の一部として資本所得に課税することによって，間接的に将来消費へ課税している。資本所得税は所与の貯蓄額から得られる将来消費の量を減少させる。現在の将来消費と現在消費の間の選択は歪められており，そのように歪められた市場から生じる貯蓄率は神聖なものではなく，疑わしいものである。税による将来消費に対する歪みがなければ，貯蓄率はより高いものになるであろう。

もう1つの歪みの原因は合衆国の社会保障制度にある。社会保障は，何十年もの間，老人の幸福に大きな貢献を果たしてきた。しかし多くの人々は，引退時に社会保障によって保護されることを知っているので，貯蓄を減らしているに違いない。社会保障が，それ自身の投資信託（剰余金）を通じて相殺する民間の貯蓄の減少は，ほんの一部にしか過ぎない。事実，1983年の社会保障財源改革まで，社会保障は全く貯蓄をもたらさなかった。すなわち，退職者に支払われた年間の給付額は，年間の賃金高税の税収とほぼ等しかったのである。このように，社会保障が存在する場合の国民貯蓄率は，社会保障が存在しない場合に市場が生み出す国民貯蓄率よりも低いものとなるのである。

同じ議論が他の2つの政府保険プログラムにも当てはまる。すなわち**雇用保険**と医療保険である。これらの政府保険政策がなければ，多くの市民は一

時解雇の可能性や老齢期の医療費の必要性に備えてより多くの貯蓄をするであろう。このように政府の社会保険は，市民に大きな利益をもたらす一方で，確実に国民貯蓄率を減らしてきたのである。

　最後の歪みの原因は，国民貯蓄の重要な一部を担っている政府貯蓄である。政府貯蓄は市場によって生みだされたものではなく，議会と大統領によって政治的に決められるものである。政治過程によって決定される政府貯蓄の額は，政府貯蓄と将来との密接な関係を理解している市民が選好するであろう額よりも，小さくなるに違いない。政治家は，投票者から政府の貯蓄によって生じる将来の利益について理解を得ることよりも，減税や便益の増加により評価を得ることのほうがたやすいと信じているのであろう。

　それゆえ，伝統的な経済学の議論は以下のように要約することができる。現在の国民貯蓄率は政府の介入によって歪められてきた。それは，資本所得課税，（社会保障，雇用保険，そして医療保険といった）社会保険プログラム，政府貯蓄を減らすことへの政治的なインセンティブである。結論として，現在の貯蓄はこれらの介入が無かった場合よりも大きく下回っていると思われる。そうとはいえ，これはすべての介入が失策であったことを意味するものではない。大きな便益が政府の社会保険プログラムによって生じているのである。しかしこのことは，現在の合衆国の貯蓄率が社会的最適を下回っており，適切な政策により改善されるべきであることを意味している。

貯蓄率の引き上げに関する先進的経済議論

　この先進的な議論は，財政学で定義される**公共財**の概念に基づいている。財政学の教科書は，ある特定の財には非排除性があると教える。つまり，たとえ誰かが財に対する支払いを拒否するとしても，その財から便益を得ることを阻止することができないのである。もしあなたがテレビに対する支払いを拒否するなら，あなたがテレビを楽しむことを禁ずることができるので，テレビは私的財であるといえる。しかし，もしあなたが警察による保護を強

化するための支払いを拒否しても，あなたが便益を受けるのを排除することができないので，警察による保護は公共財であるといえる。

ただ乗り問題があるため，「市場」は公共財を過少に生産する。もし財源を負担することなく便益を得ることができるのなら，利己的な市民は自ら進んでその財に対して支払うことをしないであろう。そして，もし他人が財源の負担を拒否するなら，利己的な市民は負担の重要性を軽んじて考えるようになるであろう。すべての市民が利己的というわけではないが，一般に，公共財は市場によって過少に供給されるのである。

教科書どおりの解決法は，強制的な課税である。利己的な市民がただ乗りをし，支払いを拒否するため，市場が警察による保護を適切に供給することは期待できない。実際のところ，一部の公共心ある市民が負担することになるが，彼らはなぜ利己的な人たちへ補助金を提供しなければならないのであろうか。こうしたことから，公共財の最適供給には強制的な課税が望ましいのである。市場を通じて市民たちの手で供給させるなら，彼らは公共財を過少にしか得られないであろう。逆に，もし市民が強制的な課税を適用されるならば，彼らは皆，自分たちがより良い状態にあると考えるであろう。

少なくとも3つの公共財が，合衆国の貯蓄率の最適性との関連で論じられる。(1)合衆国の将来の生活水準の国際的順位，(2)労働意欲はあるがスキルが低い人々の**貧困削減**，そして(3)技術進歩による「人類の向上」に対するわれわれの貢献である。以下で，それぞれが何を意味し，なぜ公共財であるといえるのか，そしてこの事実がわれわれの貯蓄率の最適性にどのような影響を与えるのかについて説明する。

今日，合衆国の生活水準はいまだ国際的に1位であると位置づけられているが，数十年の間に，比較的低い貯蓄率が原因となり，この順位は下がることになるであろう。典型的なアメリカ人ならば，生活水準が1位であり，心理的，政治的，そして軍事的な結果もそれに伴うような国に孫を住ませたいと思うであろうが，そのために彼は何をすることができるのであろうか。当然ながら彼は，自分自身の相続人に提供するために，私的に貯蓄をすることができる。しかし，彼は彼自身の貯蓄を通じて，国の将来の「**生活水準**」の

順位に影響を与えることができない。将来の順位はすべてのアメリカ人にとって公共財である。それというのも，一部の利己的な市民は，「もし他の人たちが貯蓄し私が貯蓄しないとしても，われわれの将来の順位は1位のままであり，私はどの貯蓄家とも同じようにその事実を享受できるであろう。他方で，もし私が貯蓄しそして他の人たちが貯蓄しないなら，私の負担はほとんど将来の順位に影響を与えないであろう」と考えるからである。

多くの市民と政治家は，日本やドイツがわれわれを経済的に追い越すかどうか，そしてわれわれの孫が地球上で最先端をゆく経済の恩恵に与れるどうかに強い興味を持っているように思われる。このことは，将来の合衆国の生活水準の国際的な順位が，多くの市民にその価値を認められる公共財であることを意味している。それにも関らず，市場はそれを過少供給するのである。もし強制されてでもさらに多くを貯蓄するよう導かれていれば，多くの市民は生活水準がもっと良い状態にあると評価するようになるであろう。

ここで，貧困の縮小を考えることにする。前述したように，ほとんどの経済学者が，貯蓄率を引き上げることは，より速く労働者1人あたりの資本を引き上げ，そして生産性と低いスキルの労働者の実質賃金をより速く成長させると考えている。それゆえに，貯蓄率を引き上げることは，労働意欲はあるがスキルの低い人たちの貧困を絶対的により早く縮小させるのである。多くの市民は，このような人々の早急な貧困の縮小に価値を認めると思われる。こうした貧困の縮小もまた公共財なのである。利己的な市民の一部は，「もし他の人がより多く貯蓄し，貧困がより早くに縮小するなら，貯蓄した人と同じようにその減少による恩恵を享受できる」と考えるであろう。各々は，このため他の人が貯蓄するのを待っている。

最後に人類の向上について考えよう。多くの市民は，運命を切り開き，そして新しい挑戦に打ち勝つような人類の冒険に満足を感じていると思われる。技術進歩はこの歴史のドラマにおいて，鍵となる要素である。数千年の間，人は新しい製品と新しい生産過程を考案してきた。発明すること，革新すること，そして解決してゆくことが，それぞれの時代において人類を向上させてきた。便益と同時に脅威が，進歩と同時に混乱が生じることは明らかであ

る。しかし，たいていの市民は，潜在的な危険から身を守る一方で技術進歩の前進を続けることを厭わないように思われる。

貯蓄率の引き上げは，技術的な進歩をもたらし，そしてそれは恐らく人類の向上を加速させるであろう。多くの市民は，さらに進んだ技術進歩を通じて向上することに，自分の世代が貢献できることを望んでいる。このような貢献もまた公共財なのである。利己的な市民は，「もし他人がさらに多くの貯蓄をするならば，技術進歩はより速いものとなるので，自分も貯蓄した人と同じように人類の進歩を享受することができる」と考えるであろう。

ここで要約をしよう。貯蓄率の引き上げに関する伝統的な経済議論が強く主張するのは，以下のとおりである。現在の貯蓄率は，もし資本所得課税や政府の社会保険プログラム，政府貯蓄を減らすことへの政治的なインセンティブといった政府の干渉が無い状態で市場が形成するであろう貯蓄率よりも低い。貯蓄率の引き上げに関する先進的な経済議論は，市場によって過少に供給されている公共財が少なくとも3つあり（合衆国の生活水準の将来の国際的順位，貧困の削減，人類の向上），それらの公共財の最適供給にはより多くの貯蓄が必要とされるというものである。これらの経済議論は双方ともに，合衆国の貯蓄率引き上げを目指した政策について，（すべてではないが）多くの経済学者に説得力があると思わせるような合理的根拠を提供している。

USA 税は貯蓄率を引き上げるか

USA 税は実際に貯蓄率を引き上げるのであろうか。USA 税は次の3つの異なる方法で，国民貯蓄を引き上げるであろう。**インセンティブ効果，水平的再分配（異質性）効果**，そして**繰延べ効果**である（いずれも Seidman によるもので，1980年の第10章，1987年の第16章，1990b 年の第3章による）。これからそれぞれを順に論じてゆく。

インセンティブ効果は，経済学者以外の人々にとって，「USA 税は貯蓄に対して課税控除を与えるので，貯蓄を増やすような金融上の誘因をもつ」と

いうことが明白であるように思われる。一方で経済学者はそのすべてが，この誘因を通じて実際の家計貯蓄が上昇すると考えるわけではない。なぜであろうか。一部の経済学者は次のように説明している。家計は，利子率の上昇に対して反応するのと同様に貯蓄控除にも反応をする。なぜなら，これらがそれぞれ貯蓄からの受取り額や利回りを上昇させるからである。貯蓄控除は，貯蓄をする際に，貯蓄を課税対象外としてくれる。計算すれば，100ドルの貯蓄から得られる受取り額がより高くなることは明白であろう。同様に利子率の上昇は，銀行に預けた100ドルからの受取り額が上昇することを意味しているのである。

経済学者は，利子率上昇の効果を分析し，理論上，貯蓄への影響が，次のいずれの方法でも生じるものと指摘する。これには，貯蓄した各1ドルからより多額の支払いを将来に受けるため，貯蓄を増やすという傾向が生じることがあげられる。経済学者はこれを「代替効果」とよぶ。しかしもう一方で，利子率の上昇は賃金の増加と同じように人を裕福にする。(貯蓄をいくらか小さくすることで) 現在の消費をいくらか増やし，引退後の生活でもなお消費をいくらか増やすことができるであろう。経済学者はこれを「所得効果」とよぶ。

しかし，所得税から個人消費税に置き換えることが，家計をより裕福にすることはない。標準的な家計は，高額所得者層，中堅所得者層，低額所得者層であるか否かに関らず，以前と同じだけ税を納める。したがって，標準的な家計には所得効果は存在しないが，より多くの貯蓄を促す代替効果は存在する。経済学者は，代替効果と所得効果が競合するために，貯蓄の利子率を高くすることに対する効果の不明瞭さを当然のこととしている。しかし，個人消費税への移行は，所得効果ではなく代替効果のみを伴い，そのため典型的な人に貯蓄の増加を促すことが認識されなければならない。

水平的再分配効果または**異質性効果** (Seidman, 1980, 1984b, 1987, p.671-p.674, 1990b, p44-p46, **Seidman and Maurer**, 1982, 1984, **Summers**, 1984a, **Lewis and Seidman**, 1996) を考えてみよう。貯蓄家(S)と消費家(C)の2人が，双方ともにちょうど100万ドルを得るものと仮定する。この2人

は都合が良いことに，両極端の考えの持ち主である。課税後にSはすべてを貯蓄し，他方，Cはすべてを消費する。所得税が20％の下では，双方ともに税として200,000ドルを納め，総税収は400,000ドルとなる。Sは残りの800,000ドルを貯蓄し，Cは800,000ドルを消費する。よって貯蓄の総額は（すべてSによるもので）800,000ドルとなり，消費の総額は（すべてCによるもので）800,000ドルとなる。

今，所得税が個人消費税に置き換えられることを考えてみる。同程度の累進を維持するために，消費税の下でも2人の百万長者に400,000ドルを納税させなければならない。消費税の下では，Sが納税することはないので，総税収400,000ドルはCから徴税されなくてはならない。したがって40％の税率が目的にかなうことになる。Sは租税を負担することなく1,000,000ドルを貯蓄し，Cは600,000ドルを消費する。故に総貯蓄は（すべてSによるもので）1,000,000ドルに上昇し，他方で総消費は（すべてCによるもので）600,000ドルに下落するであろう。

一体何が生じたのであろうか。消費税への移行は200,000ドルの可処分（税引き後）所得をCからSへと移す。双方ともに百万長者であるから，移転は水平的なものである。Cは200,000ドルを消費し，Sは200,000ドルのすべてを貯蓄する。結果として，総貯蓄額は200,000ドル上昇し，総消費額は200,000ドル下落する。すなわち，消費税への移行は豊かな消費家から豊かな貯蓄家へ現金を移転させるのである。人々が貯蓄や消費についてこれほど極端でなければ，総貯蓄の増加は当然これより小さいものとなるが，それでもなお，可処分所得の水平的移転が生じることで総貯蓄額が上昇する。

Ken Lewisと私は，最近の2つの実証研究で，実際の合衆国のデータを用いて**異質性（水平的再分配）効果**を調査している（Lewis and Seidman, 1996a, 1996b）。われわれは，租税移行時の異質性効果による総貯蓄額の増加が，単独でおよそ11％になると推定している。

水平的再分配効果は，租税政策が貯蓄に与える影響を研究するほぼすべての研究者に見落とされている。これらの研究者は，代表的な個人が，課税後の貯蓄から得られる利益の変化に対し，どのように反応するのかに注目して

いる。例外としては，Summers（1984a, p.250）が以下のように書いている。

> 利益率にかかわらず可処分所得全体の中で決まった部分を貯蓄するような「経験的方法による貯蓄家」により構成されている人々について考えてみよう。この経験的な貯蓄率は，個人によって異なる。ある者は貯蓄できずすべてを消費し，他の者は非常に高い限界貯蓄性向を持っている。今，労働所得税率の上昇により得られる税収の増額分だけ資本所得税の税率を引き下げることを考えてみる。貯蓄性向が硬直的であると仮定した場合，このような方法は低い貯蓄性向の人から高い貯蓄性向の人へと所得を再分配することになる。結果として，個人の貯蓄インセンティブには影響を与えないものの，国民貯蓄率を更に上昇させることになる。高い貯蓄性向の人が総所得に占める割合が増加するため，時間の経過とともに，貯蓄率はますます上昇する。

最後に，**繰延べ効果**（Summers, 1981, Seidman, 1983, 1984, 1990, p.48-p.49, Auerbach and Kotlikoff, 1987）を考えてみよう。典型的な人は，退職の時期を見越して計画を立てるものと考える。彼は，退職後に貯蓄の取崩しができるよう，労働者の時に貯蓄をする。個人消費税への移行は，労働者の時の租税負担を減少させ，退職後の租税負担を上昇させることになる。ゆえに消費税は，所得税と比べると人生の後半に課税負担の一部を繰延べることになるために，典型的な労働者がさらに多くを貯蓄し，退職する頃の資産のピークをこれまで以上に多くさせるであろう（そして典型的な退職者はより多くの貯蓄取崩しをするであろう）。すべての1ドルの貯蓄が1ドルの投資をつくり出し，すべての1ドルの富が1ドルの資本をつくり出すために，消費税の経済は所得税の経済よりも，労働者1人あたりの資本蓄積は増加することになるであろう。さらに人口成長と実質賃金の上昇をともなう経済では，労働者の貯蓄の増加は，退職者による貯蓄取崩しの増加に勝っているであろう。ゆえに消費税の経済は，典型的な人にとって課税が繰延べられる効果があるため，所得税の経済よりも高い貯蓄率となるであろう。

インセンティブ効果，**水平的再分配効果**，そして繰延べ効果の3者により貯蓄率に大きな増加がもたらされるという確実な保証はあるのであろうか。残念ながら保証されてはいない。たとえ他の国がこのような移行を試みていた

としても，その影響を分析することは難しいであろう．もし貯蓄が増加したとしても，その原因は他にあるかもしれない．もし貯蓄が減少したとしても，租税の移行が無ければより減少していたかもしれない．有効な研究は，その他の原因による貯蓄率への影響を排除しなくてはならない．しかし，これは容易なことではない．とはいえ，他の国もまだ個人消費税への移行を試みてはいないのも事実である．それゆえに，われわれは判断するための経験さえも持ちあわせてはいない．誰もそれがうまくいくかどうか確信をもてないのである．

経済学者は**個人退職勘定（IRA）**のような制限のある貯蓄のインセンティブについての影響を評価しようとする膨大な研究をしている．一部の研究は貯蓄への影響を見出さない（**Engen, Gale, and Scholz, 1994**）とするものの，他の研究ではかなり大きな影響を確認している．影響を見出さないとする研究者は，人々が銀行に貯蓄する2,000ドルを単にIRAに移しているのだということを示唆している（なお，IRAの上限は2,000ドルである）．影響があるとする研究者は，すべてではなく貯蓄のうちのいくらかをIRAに移すと反論する．例えば，ある人は銀行に2,000ドルを貯蓄するかわりに，もしかしたら銀行に1,000ドルを貯蓄し，IRAに残りの1,000ドルを貯蓄し，そのうえIRAの2,000ドルの上限まであと1,000ドル余裕があるために貯蓄を増額し，それによって総貯蓄額を2,000ドルから3,000ドルへと増やす．

強調すべきは，無制限の貯蓄控除がこれまで研究されてきた制限付の貯蓄控除とは異なるということである．もしIRAに預入れることを考えるなら，退職前に現金が必要となるか否かを考慮しなくてはならない．たとえ幸運をつかむ意思があっても，税控除されるのは制限された額である．USA税ではこのような考慮が要らない．今日の暮らしに困らなければ，今日貯蓄する．もし明日，何か起きれば，特別な罰則や制限もなく口座からお金を引き出すことができる．つまり今日できる限りの貯蓄をすることができ，税控除に制限はない．それゆえに，これまでの研究は，USA税の下で貯蓄に関してどのようなことが生じるのかわれわれに教示できない．

あるアナリスト（**Steurle, 1996, Bernheim, 1996**）は，個人消費税への移行により**退職貯蓄**だけではなくすべての貯蓄が税控除されるために**年金基**

金の雇用主負担が減少する可能性があることを示唆する。彼らは，雇用主が現在の年金制度を通して家計に代わって貯蓄しているが，これと同じだけ家計が自律的に貯蓄するのか懐疑的に思っている。彼らは，基金を魅力的にしようと努力し，退職前の年金の払戻しに対する制限や罰則を無くすであろうと予測する。彼らは，家計が退職前に消費するために預金口座や投資ファンドを払戻すことに抵抗を覚えるかどうか懐疑的に思っている。

個人消費税の下で年金基金貯蓄が実際に増加する可能性があるが，その増加いかんに関らず総貯蓄は増加することになるであろう。たいていの年金基金は，早期払戻しに対する制限や罰則を撤廃するであろう。しかしこの制限や罰則の撤廃により，年金基金に対する雇用主負担は増加することになる。結果として，行政の便宜上，個人貯蓄よりも雇用主負担による年金基金を有利な扱いのままとしている。今日，被用者は自分たちの財産の多くが退職まで年金基金に「**封じ込め**」られることを嫌い，この抵抗が雇用主負担を制限する。しかし制限と罰則の撤廃により，被用者は年金保険への負担の増額を要請する。退職前の払戻しが増加するかもしれない。しかし，保険料の増加は，払戻しの増加よりも勝っていることであろう。

より一般的に，家計は現在，租税上，貯蓄が有利に取り扱われるように，財産を退職まですすんで封じ込めていると思われる。個人消費税の下で，家計は財産を封じ込めることなく貯蓄することで租税上有利に扱われる。家計は退職前に財産をより多く引出すかもしれない。しかし彼らはそもそもそれより多くの財産を蓄積するであろう。粗貯蓄の増加の方が引出しの増加より大きいと思われるので，総貯蓄は増加するであろう。

今日，個人の投資ファンドは租税上有利に扱われる貯蓄手段として広告されており，そしてこれらの手段が一般的に「封じ込め」を受けるにもかかわらず，機敏な家計の貯蓄額をおそらく増加させている。あるアナリスト (**Steurle**, 1996, **Bernheim**, 1996) はこのような広告が個人消費税への移行によって無くなるであろうと述べる。彼らはこれにより総貯蓄額が減るかどうかは疑わしいと考える。しかし，民間の広告が無くなるということは，貯蓄控除を伴う家計税の申告書という形で，事実上すべての家計にゆきわたる公共の「広

告」へと置換えられることになる。さらに内国歳入庁（IRS）はより優れた「商品」の販売を促進する。それは「封じ込め」の無い貯蓄控除である。その販売促進のメッセージは単純なもので，「どんな形態であろうと，その額が幾らであろうと，どのくらいの期間でも，貯蓄は控除される」というものである。貯蓄「商品」の改良，メッセージの単純化，そしてIRSの「広告」範囲の拡大は，総貯蓄を増加させる可能性が高い。

景気後退を伴わない貯蓄率の上昇

　経済学者は，われわれの貯蓄率の上昇が，長期で見れば1人あたりの産出と消費をより高いものにすると考える。しかしその上昇は，一時的な**景気後退**を避けるためにゆっくりと段階的に実行されなければならない（Seidman, 1990b，2章，Lewis and Seidman, 1994）。ここでそれを達成する具体例をあげる。

　今，産出，消費そして投資のすべては，1年あたり通常約2.5%で成長している。（民間部門に公共部門を加えた）投資は産出のうち約20%であり，そして（民間部門に公共部門を加えた）消費はそのうち約80%にあたる。ここで5年間での移行を想定しよう。われわれの目的は，5年の間に，産出が約2.5%で成長することを維持しながら，産出の中に占める投資財のシェアを徐々に引き上げ（例えば24%へ），その一方で消費財のシェアを徐々に減らす（例えば76%へ）ことである。もし消費財の生産が1年に約1.5%で成長し，投資財の生産が1年に約6%強で成長するなら，こうした状況が生じるであろう。[1] その時以降，消費財と投資財の成長率は同率とすることができ，2.5%強の成長率が長期間続くであろう。なぜなら，5年間の高い投資の成長によって，より高い資本ストックが達成されるからである。

　この5年間の移行に関していくつかのことに気付くであろう。消費財の生産は，通常の場合を1ポイント下回るがプラスの成長率（年あたり1.5%）を持続するのである。消費財部門においてレイオフが緩やかに増えることもあ

るが，緩慢な成長は，主に辞職や退職によって対処されることになる。時を同じくして投資財部門においては，急速に労働力が必要となるであろう。必要な労働力は，自発的・非自発的を問わず消費財部門からシフトしてくる人々や，新規の労働力により満たされるであろう。

5年間で，USA税（あるいはそれ以外の消費税）へ段階的に移行することは消費を緩慢な成長へと導き，そして**連邦準備制度**は投資を高成長へと導くであろう。連邦準備制度は，事業の経営者に投資財の発注を促すのに十分なだけ利子率を下げることによって，投資財の生産をより加速するように刺激する。総需要（消費に投資を加えたもの）と総産出が，通常2.5%で成長する状態が続くであろう。したがって，失業率を一定率に維持し，景気後退を避けるのである。

永続的に高い貯蓄率へと移行するまでの間に景気後退を避けるために，USA税（あるいはそれ以外の消費税）をゆっくりと段階的に導入することは重要である。それによって，消費の成長は5年間にわずかに低下するものの常にプラスに保たれる。USA税のゆるやかな段階的導入を実行するための方法は第4章で論じられる。

われわれはUSA税を導入するべきであろうか

USA税提唱者は次のように述べるであろう。「もう1度表を見て欲しい。合衆国は貯蓄の低い国である。その理由の1つは，貯蓄を躊躇させるような歪みの存在である。危機にさらされているのは，われわれの将来の生活水準と相対的な経済的地位である。もしUSA税が公正性と実現性の問題を満たすならば，それは真摯に検討に値する」。これらの2つの問題は次の2つの章で扱われる。

第3章 公　　　正

　USA税の提唱者は，USA税は，貯蓄促進と強力な公平要求の両方を特徴としていると論ずる。彼らは，USA税以外の消費税が貯蓄を促進しても公平でないこと，また所得税は公平を強く要求するものであっても，貯蓄を阻害することを強調する。USA税以外の消費税論者はそれらの税が公平であると言い張り，所得税主唱者のほうは貯蓄阻害を過小評価し，所得税が最も公平であることを強調するけれども，それは驚くにあたらない。しかしながら，こうした選択的な税の公平について検討する前に，現在の租税負担配分状態やアメリカにおける給与所得の最近の不平等の拡大という興味ある事実を考察する必要がある。

租税負担配分の現状

　表3.1は，世帯間の課税前所得の分配状態を示したものである。1990年の下3行を見てみよう。1990年には，最高所得者10％が課税前国民所得の36.1％を稼得し，最高所得者5％が25.7％を，そして1％が12.8％を稼得したのである。各課税前所得層に該当するものとされた所得額として，どのレベルが採択されたのか。1990年代の半ばの国民に対して比較的意味あるものにする数字は1996年の数字である。1996年に富裕者10％になるには，少なくとも108,704ドル，5％なら145,412ドル，1％なら349,438ドル必要である。
　低所得分位の家族の中には，単に若いとか高齢であるという理由だけで，一定期間低所得である場合があるということはもちろん認められるべきであ

租税負担配分の現状　43

表3.1　全世帯の課税前所得比率（％）

全世帯 (所得層別)	1980	1985	1990	対応所得額 1996（見積）
最低分位	4.5	3.8	3.7	0
第二分位	10.3	9.4	9.2	15,604
中間分位	15.5	14.7	14.5	29,717
第四分位	22.5	21.9	21.7	48,660
最高分位	47.5	50.7	51.4	79,056
	100.0	100.0	100.0	
上位10パーセント	31.7	35.0	36.1	108,704
上位5パーセント	21.4	24.5	25.7	145,412
上位1パーセント	9.4	11.8	12.8	349,438

出所：左の3列については，1993 Green Book (Committee on Ways and Means, U.S. House of Representatives, which cites source as Congressional Budget Office [CSO]) 表17, p.1506, 右の列については，合衆国財務省，租税分析局（1996, p. 455）。

る。しかし，都市近隣で育った者には，生涯控えめな所得に甘んじている者が多い。同じように，2，3年だけ最も富裕な所得ブラケットの中で支出生活しながら，生涯のその他の期間については，低所得ブラケットで暮らす者もわずかではあるがいる（たとえば，National Basketball Associationや National Football Leagueに2，3年だけいて選手としてプレイをする者）。しかし，そうは言っても金持ちは事業経営者，医者や弁護士など，ほとんど全生涯裕福である場合が多い。富裕な隣町を通過してドライブしてみるとする。貧しい隣町に間もなく移動してしまう住民はどれだけいるか。その数は多くない。

　表3.1は，課税前所得の不平等が1980年代にかなり拡大したことを示している。1980年から90年まで，各所得分位の占める比率が，最高所得分位を除き，低下したが，最高所得分位の比率は，47.5％から51.4％へ高まった。すなわち，高所得10％は，31.7％から36.1％へ，5％は21.4％から25.7％へ，1％は9.4％から12.8％へ上昇している。

　こうした課税前所得の生涯の不平等がかなり永続的なものであるとすれば，議会が連邦税制を累進的なものにして，低所得家計よりも裕福な者からより大きい割合で徴収するのが公平であると考えても驚くにあたらない。という

表3.2 全世帯のすべての連邦税の実効税率（％）

全世帯（所得層別）	1980	1985	1990	1994b	1994a
最低分位	8.1	10.4	8.9	7.0	5.0
第二分位	15.6	15.9	15.8	15.0	14.9
中間分位	19.8	19.2	19.5	19.3	19.5
第四分位	22.9	21.7	22.1	22.1	22.3
最高分位	27.6	24.1	25.5	26.2	27.9
上位10パーセント	28.7	24.4	26.0	27.0	29.2
上位5％パーセント	29.7	24.4	26.2	27.4	30.4
上位1パーセント	31.9	24.5	26.3	28.0	33.2
全体	23.3	21.8	22.6	22.8	23.7

注：1994bの列は，1993年税法（OBRA-1993）以前の推計である。
　　1994aの列は，1993年税法以降の推計である。
出所：左3列については，1993 *Green Book* (Committee on Ways and Means, U.S. House of Representatives, which cites source as CBO), 表11, p.1497, 右2列については，Congressional Budget Office (1994, p.32)。

のは，もうひとつの主要連邦税である，社会保障税が，上限（1995年で61,200ドル）まですべての被用者について同一の負担率であり，その上限を超える所得については，負担率はゼロであるので，逆進的であり，連邦税全体の累進を実現するには，家計所得税をかなり累進的にすることが必要であるからである。

　表3.2には，選択した特定の年において議会が実施してきた各所得グループに対する実効（平均）税率（連邦税の対所得比率）が示されている。税率は連邦税のすべてを含んでいる。もちろん，富裕家計が最後の100ドルの所得に対して支払う最高税率，つまり「限界税率」は，その所得の実効税率をこえる。なぜなら，所得の大半に対して支払う実効税率は，限界税率より低いからである。このようにして，1985年の高所得者は，労働所得，利子，配当（**キャピタル・ゲイン**ではない）の「50％の税率ブラケット」に入るが，平均税率は25％を超えなかった。注目すべきは，1993年税法により，最高富裕者の税率を数ポイント（たとえば，最高所得者1％に対する税率28％から33.2％へ）引き上げたことである。これらの実効税率は，限界税率ブラケットよりもかなり低かったけれども，表3.3から明らかなように，こうした実効税率

租税負担配分の現状　45

表3.3　全世帯によるすべての連邦税負担比率（％）

全世帯（所得層別）	1980	1985	1990	1994b
最低分位	1.6	1.8	1.4	1.1
第二分位	6.9	6.9	6.4	6.1
中間分位	13.2	13.0	12.5	12.4
第四分位	22.1	21.9	21.2	20.9
最高分位	56.2	56.2	58.2	59.2
	100.0	100.0	100.0	100.0
上位10パーセント	39.1	39.2	41.6	42.7
上位5％パーセント	27.4	27.5	29.8	31.0
上位1パーセント	12.8	13.3	14.9	15.8

注：1994b列は，1993年税法（OBRA-1993）以前の推計である。
出所：1993 *Green Book* (Committee on Ways and Means, U.S. House of Representatives, which cites source as CBO)，表25, p.1515。

によって，富裕者からかなりの税収を徴収することに成功している。

　表3.3から引き出される結論は，現行所得税のいろいろな優遇措置や租税弁護士や会計士の働きがあっても，富裕者の大部分は，かなりの連邦税を支払っているということである。1990年に，最高所得者10％が連邦税の41.6％を支払った。また，最高所得者5％をとってみると，それらが支払った連邦税は29.8％であり，最高所得者1％は14.9％の支払いであった。社会保険税は61,200ドルの上限までは比例的であり（1995年），それを超えると逆進的であるから，富裕者の税負担率がこのように大きくなる主な原因は，家計所得税の累進的な税率表にあることは明らかである。

　富者から多くの税収を徴収しようとしても，その接点がないということがしばしば論じられる。また，金持ちの所得といっても，国民所得の比率で見れば，それはあまりに小さく，また金持ちは，賢い会計士や弁護士を雇って，支払い税額を確実に小額にしたり，まったく税を支払わないようにするとの主張が行われる。表3.1と表3.3は，こうした主張がいかに間違っているかをはっきりと示してくれる。表3.1は，所得のトップ10％が，国民所得の3分の1以上を得ていることを示している。そして，5％が4分の1，トップ1％がおよそ8分の1を得ている。これらは大きなシェアである。しかし，政府は彼らから大きな税収を徴収できるのか。表3.3は，明確な答えを出してい

表3.4 全世帯の課税後所得比率（％）

全世帯（所得層別）	1980	1985	1990
最低分位	5.4	4.4	4.3
第二分位	11.4	10.1	10.0
中間分位	16.2	15.2	15.1
第四分位	22.6	21.9	21.8
最高分位	44.9	49.2	49.5
	100.0	100.0	100.0
上位10パーセント	29.5	33.8	34.5
上位5％パーセント	19.6	23.7	24.5
上位1パーセント	8.3	11.3	12.2

出所：1993 *Green Book* (Committee on Ways and Means, U.S. House of Representatives, which cites source as CBO), 表18, p.1507。

る。つまり，それは完全に可能であるということである。

　実際，彼らの租税負担割合は，非常に大きいと思われるので次のような疑問が出てくる。つまり，金持ちの税引き後の所得比率は，課税前所得の比率と比べて，かなり低くなってしまうのではないかということである。表3.4は答えがノーであることを示している。累進税は徴収されても，彼らの所得比率は，ほとんど変わらずに大きい。1990年の課税後所得比率は，トップの10％については，(表3.1の課税前所得の36.1％に対して) 34.5％であり，トップ5％については，(課税前所得の25.7％に対して) 24.5％，トップ1％については，(課税前所得12.8％に対して) 12.2％である。1993年税法 (OBRA) は，金持ちの課税後所得比率をわずかばかり低下させたけれども，基本的事実は変わらない。つまり，累進税にもかかわらず，金持ちの課税後所得比率は，課税前所得比率をわずか2，3ポイントだけ低下させているに過ぎない。

　4つの表を総括して言えば，課税前所得分配にはかなりの不平等があり，それは1980年代に大きく拡大した。33％を超えない平均税率を用いて，連邦税システムは，富裕層からかなりの税収を徴収することに成功している。社会保険税は，上限 (1995年で61,200ドル) までは，比例的で，それを超えると逆進的になるので，富裕層から税収を徴収する鍵が，家計所得税の累進的な税率表であることははっきりしている。現行所得税にいろいろな優遇があ

り，租税弁護士や会計士の働きがあっても，富裕層は全体の連邦租税の大きな割合を支払っている。しかし，富裕層は課税前所得とほとんど同じ大きさの課税後所得比率を得ているのである。こうした決定的な事実は，選択的な税制改革の公平を論ずる際に，心にとどめおくべきことである。

合衆国の所得不平等の拡大

近年数多くの経済学者の努力が合衆国の**所得不平等**拡大の原因の研究に注がれてきた。それは論争を生み，意見の不一致をもたらした。しかし，ただ一点に関してはたいていの専門家は同意する。それは，**Burtless** が以下のように書いているとおりである (1996, pp. 28-29)。

> 合衆国の所得不平等の悪化の傾向については論争がない（後略）。1969年と1993年の間に，給与所得分配の下位40％の人々の実質（インフレ調整後）所得は低下した。これに対して，中間所得層の人々については不変に維持され，上位所得層については上昇した。賃金給与所得のこうした基本的に異なる傾向は，1979年以降一層顕著になっていった（後略）。全体の賃金傾向は，女性にとってかなり健全なものになったが，女性はまた特に近年，所得の格差の拡大を経験している。1979年以降，女性の最高所得層は，25％を超えた所得の上昇をみている。しかし，最低所得層の女性の年間所得は1979年以降低下したのである。

Levy and Murnane (1992, p.1333) は，所得不平等の最近の傾向について，以下のようにサーベイを開始している。

> 1991年の時点から見てみると，1950年以降の合衆国の所得トレンドは，1973年と1979年の2つの年によって区分される。実質所得の急激な成長の終わりと景気停滞といってよいほどの緩慢な成長の開始の年として，1973年が記録される。1979年は，とりわけ個人間の所得不平等の急加速の始まりの年として記録される。

Gottschalk (1993, pp.136, 141) は，7つの経済先進諸国に関するデー

タから次のような結論を引き出している。

> 1970年代および80年代に合衆国の所得不平等が急増したことはいまや広く認められている（後略）。総括していうと，所得不平等の増大は，合衆国に限られなかった。合衆国は所得不平等を最も大きく拡大したが，この研究で扱った他のすべての国も，不平等の拡大を経験した。

こうした不平等の拡大の原因は何か。Burtless (1996, pp.10-11) はこれに関して次のように述べている。

> 経済学者の間では，賃金不平等の拡大の主な説明要因として，生産技術の変化があげられている。パソコンや新しい形態の企業組織のようなイノベーションは，高スキルの労働者を有利にしたが，不熟練労働者の価値を低下させた。しかし，これに加えて，ほかの発展も同じように作用した。経済的規制緩和，合衆国への新しいパターンの移住，最低賃金の引き下げ，労働組合の影響力の低下もまた不熟練および半熟練労働者の悲惨な職業事情の原因となった。世界の新興産業諸国との自由貿易が，アメリカの不熟練労働者の仕事の見通しを悪化させるのに一役買ったのも確かである。

我々は，選択的な租税の公平について考察しているので，所得不平等の拡大の最近の傾向を心にとどめおくことが重要である。

国レベルの売上税および付加価値税

さて，個人所得税や法人所得税を一国の売上税あるいは付加価値税と入れ替える提案について考察しよう。4月15日がその入れ替え日としよう。家計は，IRSに所得や消費を報告することはなくなり，またIRSが家計の査察に首を突っ込むことはなくなろう。決定的に重要なことは，租税システムが，家計所得や消費にあわせて援助額を決める手段ではもはやなくなるということを認識することである。例えば，低賃金所得家計に政府小切手が送付される**給与所得税額控除（EITC）**の払戻しは，自動的に撤廃されよう。

議論が公平に向けられる場合は，売上税の主張者は，所定の年に低所得家計から高所得家計に移る際に，貯蓄率が一般に上昇する事実を，そして同じことであるが，消費率が低下する事実を直視する必要がある。この年に，現金レジスターに金額を打ったとすると，高所得者は，低所得者よりも売上税としてより低い所得割合しか支払わないことになろう。これは，もし売上税が連邦歳入の最も大きい財源になるとすれば，多くの（全てではないが）市民に不公平であるという印象を与える。

　売上税論者は，1年だけのデータではミスリーディングをもたらすと反論する。彼らが指摘するところによると，低所得者の中には，この年に若い人もいれば，退職している人もいるわけであるから，生涯を通じた彼らの平均所得はずっと高くなる。また，この年に高所得であった人の多くは，中年で，所得稼得のピークにあり，平均貯蓄性向もピークにある結果，生涯を通じた彼らの平均所得はもっとずっと低くなる。売上税論者の議論は，若い人や老人は，高い租税比率を支払い，中年層は低い租税比率を支払うので，生涯を通じてならされるというものである。生涯全体を通じてみれば，多くの人は，その全所得を消費し，売上税のもとで，ほぼ同一比率の税を支払うであろう。

　しかし，まさに死に際まで，かなりの割合を貯蓄し続けている大変裕福な者の場合はどうであろうか。彼らは，生涯を通じて全所得よりも少なく消費し，遺族にかなりの**贈与**や**遺贈**を残すであろう。したがって，売上税の場合，他の者よりも低い比率の租税を支払うことになる。こうして，あらゆる者が結局生涯所得を消費する，すなわち生涯所得に対する売上税を支払うと主張する売上税論者がいれば，それは誤りである。非常に裕福な者の中には，生涯所得より少なく消費する者もいるのである。

　しかし，たとえこれらの売上税論者の主張が正しいとしても，基本的問題が残る。**富裕者**が，中・低所得者と同じ生涯所得比率を租税として支払うのが公平なのであろうか。大部分の市民がそう考えないことは明白である。議会は，これまで，所得税のもとで，すべての人に単一税率を定めるのにいつも前向きであったけれども，そうなったことは一度もない。税率は，いつも

富裕者にかなり高く設定されてきた。実際のところ，ほかのほとんどすべての経済先進諸国で事情は同じであった。大多数の市民は，富裕者が中所得層よりも高い割合を税として支払うべきであり，まして当然，低所得労働家計よりも高い割合で支払うべきであると明らかに思っているのである。[1]

付加価値税は現実には，最終小売段階だけで徴収されるのではなく，むしろ生産の各段階で部分的に徴収される売上税である（**McLure** 1987）。付加価値税のもとでは，企業は売上げ収入を算入し，投資財を含む他企業からの購入を控除する。こうして，付加価値税は，産出（付加価値）マイナス投資，つまり消費を課税標準とする。付加価値税を消費税にしているのは，こうした投資財の控除である。

付加価値税は，ほかの経済先進諸国でも，たいていは個人所得税の代わりにではなく，それに追加して，課税されている。同様に，USA税の事業部門は，法人所得税に代わる付加価値税であって，個人所得税に代替するものではない（アメリカ合衆国の付加価値税は，仕入高控除方式で行われており，ヨーロッパの付加価値税は，税額控除・インボイス方式で行われている）。USA税は，その大半の収入を，事業税からではなく，家計税から徴収することになろう。公平に関するこの章では，われわれが考察するのは，家計税の補完ではなく，その取替えを意図する「代替付加価値税」のみである。

代替手段としての付加価値税は，売上税と同じ問題を持っている。たとえ富者が実際に全生涯所得を消費したとしても，支払うのは低所得者と同一の生涯所得比率であろう。そして，もし富裕家計が，生涯所得よりも少なく消費し，相続人にかなりの贈与や遺贈を残すなら，支払いはもっと低い比率になろう。このように，代替付加価値税は，大多数の市民からまたもや不公平と断じられよう。

1995年に，合衆国財務省の租税分析局は，租税モデルを使って，単一税率の消費税（小売売上税や付加価値税）の効果をシミュレートしている。合衆国財務省租税分析副補佐官 **Eric Toder** はそのシミュレートを総括し，2月22日の上院予算委員会を前にした証言で，その結果を発表した。そのシミュレート結果（3月7日に更新）は，表3.5に表されているが，それは法人所得税お

表3.5 現行の個人および法人所得税(EITCを含む)と免税なしの14.5%の単一税率の消費税との代替（1996年所得水準）

家計の経済所得の分位	現行法での課税後所得	課税後所得での変化				連邦税の変化率
		所得税の廃止	消費税	総変化	変化率	
最低分位	171.1	−4.5	−14.5	−19.0	−11.1	134.1
第二分位	431.0	9.9	−53.1	−43.2	−10.0	70.5
中間	697.9	59.6	−100.6	−40.9	−5.9	27.9
第四分位	1,091.9	126.6	−168.8	−42.2	−3.9	15.5
最高分位	2,693.1	536.7	−391.4	145.4	5.4	−18.6
全体	5,054.7	729.4	−729.4	0.0	0.0	0.0
上位10%	1,899.8	427.7	−264.9	162.8	8.6	−28.8
上位5%	1,371.5	341.2	−180.5	160.7	11.7	−38.7
上位1%	683.5	202.7	−81.5	121.2	17.7	−54.6

出所：Toder の証言の p.21 にある表1の1995年3月5日改訂版（データは1995年の2月14日現在）。

よび（給与所得税額控除を含む）個人所得税を免税なしの単一税率の一般消費税と入れ替える分配効果を示している。

　トップの10%については，所得（Y）税の廃止は，課税後所得を4,277億ドル引き上げ（第2列），他方で，単一税率の消費税は課税後所得を2,649億ドルしか減じない（第3列）ので，課税後所得は1,628億ドル増加する（第4列），つまり8.6%増加する（第5列）。トップ5%については，課税後所得が11.7%，トップ1%については，17.7%上昇する。もっともショッキングな結果が右列に示されている。それが指摘しているのは，もっとも富裕な1%が半分に減税されるに対して，トップを除くすべてのブラケットの者が増税されてしまうということである。賃金や所得の不平等が最近拡大していることを考えれば，こうした租税負担の再配分が公平だと進んで言い張る者がいるであろうか。

　こうした問題を処理するために，売上税や付加価値税論者がしばしば持ち出すのが食料のような特定カテゴリーの財の免税である。これは州の売上税やヨーロッパの付加価値税の標準的な手法である。しかし，このやり方はあまり満足いくものではない。

Kay and King (1990, pp.99-100) は，次のように説明している。

　間接税〔売上税あるいは付加価値税〕課税の共通の難点は，個人の事情を考慮しないことであり，現に，いつもではないが，しばしば逆進的であることである。累進の存在を現実のものにするには，貧者よりも富者が比較的より多く消費する商品に，相対的に高い税率の付加価値税や物品税を課税すればよい。消費パターンが個人間で異なっているので，このやり方は，かなり恣意的で偶然に頼る再分配方式である。つまり，それは，質素な料理や読書を愛する富者に恩恵を与え，月並みな水準の服装や栄養を拒み，通常，より多く富者につきものの消費パターンをとる貧者に対して厳しい（後略）。こうした非難は，年間を通じた個人支出の総価値に対する課税である支出税〔個人消費税〕には向けられないことを認識することは重要である。支出税は本来，いろいろな商品に対する消費に差を設けるものではないが，それは，所得税が累進的であるのとまったく同じやり方で，望むだけの累進を実現できる。

Fisher and Fisher (1942, p.5) は，個人消費（「支出」）税が「生活必需」免税のよりよい方法である理由を次のように説明する。

〔その税は**贅沢税**となるであろう〕

　われわれが提案した新しい所得税は単純な支出税にとどまらないことが知れよう。それは実際，贅沢支出税である。この場合，「贅沢」とは合理的範囲内の生活必需を超過した部分と定義される。こうした生活必需はたいてい，「最低生活費の免税」により課税を免れる。こうして，売上税と異なり，このような贅沢税は，生活必需支出の税の軽減あるいは免税を認めることで，非常に貧しい者の支出にたいする課税を免れさせる。中間所得層や富裕者は負担を負う。というのは，支出が多ければ多いほど，それはより贅沢であることを意味することになり，税率はそれだけ高くなるからである。

　こうした贅沢支出税は，たとえば，高価な自動車，オペラ・チケット，あるいは東洋の絨毯のような個別の贅沢品に物品税を課すよりも真の贅沢税といえる。個別の対象を「贅沢」と満足いくように定義するのは不可能である。しかしながら，全体として，贅沢支出とは何かを満足いくように規定し，しかもそれに一定の累進を設けるのは，容易である。

Graetz（1980, p.162）は Fisher の論点を次のように敷衍する。

> 付加価値税や売上税に付きまとう困難の主なものはまさしく，構想がしっかりしている支出〔個人消費〕税なら避けられるはずのものである。第1に，付加価値税や小売売上税は，例外なく，消費課税標準の全額に対してでなく，それより小さい標準にしか課されない（後略）。第2に，付加価値税や売上税は，個人の総消費額に関連していない。支出税なら，付加価値税や売上税に不可避的に付きまとうと思われる課税標準の狭隘化を回避するはずであるし，個人の消費の全体のレベルに直接かかわる累進税率で消費ベースに課税することで，租税負担の個人化を実現するであろう。

売上税論者や付加価値税論者の中には，低所得家計の負担を減らすために，現金払戻しを提案した者もいた。しかしながら，注意を要することは，租税払戻しは，すべての家計に与えなければならなくなる点である。なぜなら，各々の家計の所得や消費に関する情報を提供する家計税などないからである。例えば，すべての家計が大人1人当たり1,000ドル，子供1人当たり500ドル送金されるといった具合である。租税払戻しは，家計所得いかんにかかわらず同額であるから，それによる売上税や付加価値税の相殺負担比率は，高所得家計よりも低所得家計で大きくなろう。

しかし，租税払戻しを全般的に行うことは実践可能であろうか。すべてのアメリカの家計に家計の構成員数に応じて小切手を送付することは前例にないことである。各人がひとつだけの支払いを受けることを確実に行おうとすれば，おそらく社会保険番号が使われよう。4月15日の家計税納税申告書は，それらが廃止されたので，用いることができないことを思い起こしてもらいたい。不正行為を耐えられるレベルに抑えることができるのであろうか。アメリカの比較的小さい割合の人口にしか小切手が送付されていない給与所得税額控除（EITC）の場合にも，近年，不正の懸念があった。給与所得税額控除の不正行為を減らすために（一部社会保険番号を使って），進歩が見られるけれども，全アメリカ人口に対しては，事はずっと困難になろう。

未来論者の中には，アメリカのすべての家計に小切手ではなく特殊なクレジット・カードを発行することで全般的な租税払戻しが実行できることを示

している者もいる。現金レジスターのところで，当該年にカード購入額が10,000ドルを超えたことを電子カードが表示した場合にのみ課税されることにする。しかし，これが不正の発生を少なくするのかどうかは明らかでない。

　しかしながら，これが決定的な点なのである。たとえ，全般的租税払戻しや特殊クレジット・カードが，管理上実行可能であったとしても，売上税や付加価値税が現行所得税よりも累進性がずっと少ないことに変わりはない。こうして，租税払戻しや特殊カードを用いても，公平な租税のためには裕福な者に対して，裕福でない者よりもかなり大きな比率を負担させることが必要であると信じて疑わない市民を満足させることはないであろう。上ですでに見たように，アメリカ人の大多数は明らかにこうした見方をしている。

フラット税

　一見して，**フラット税**は，4月15日に提出しなければならない家計税納税申告書を義務づけている点で，売上税や付加価値税と異なるように見える。USA税同様，フラット税は2つの部門を持っている。つまり，事業税と家計税である。事業税は，現金賃金支払いが控除可能である点を別にすれば，仕入控除方式の付加価値税である（付加価値税は，賃金の控除は認めず，他企業からの購入のみの控除を認めていることを想起しよう）。しかしながら，その立案者であるスタンフォードの経済学者，**Robert Hall** および Hoover 研究所所員，**Alvin Rabushka** は，フラット税は付加価値税に類似し，正当性をもつと説明している。彼らは，フラット税を理解する最善の方法は，その事業税部門から始めることであるとアドバイスしている。

　　　ここに，原点を露にしたわれわれのシステムの論理がある。われわれは消費に課税したいと思っている。人々は一般に，所得に関して2つのうち1つを行う。つまり，それを支出するか投資する。われわれは消費を所得マイナス投資として計る。真に簡素な税というのは，企業が生み出した総所得からプラントや設備に対する企業投資を差し引いた額に対する税を各企業に支払わせるとい

うものである。付加価値税はまさにこうしたやり方をしている。しかしながら，付加価値税は累進的でないから不公平である。これがわれわれが税を2つの部門に分ける理由である。企業は，企業のところで生まれた総所得から労働者に支払われた所得を除いた額に対する税を支払う。労働者は，給与所得額に対する税を支払い，彼らが支払う税は累進的である（Hall and Rabushka, 1995, p. 55）。

こうして，われわれは，フラット税をこのように考えることができる。はじめに，売上税や代替付加価値税と同じように，家計税を廃止することを想定しよう。次に，法人所得税を20％の付加価値税と代替することを想定しよう。今ここで，ひとつの変化を持ち込む。つまり，企業に現金賃金を控除させ，家計に賃金所得に対する20％の税を支払わせる。家計が賃金の全額に課税されたなら，このひとつの変化がなんらの違いをもたらさないことが示される。[2] しかし，フラット税は，納税申告書で，家計に対する寛大な家族免税措置をとる。その免税が，4人家族に対して30,000ドルであれば，賃金所得が20,000ドルの家族は，（4,000ドルを払うのではなく）税を支払わなくてよい。[3] この免税のおかげで，フラット税の下では，付加価値税の場合と比べて，税負担が4,000ドル少なくなる。

フラット税の家族免税制度は，低賃金家族の助けになるけれども，別な点ではこうした家族を害する。すなわち，給与所得税額控除（EITC）がなくなることである。フラット税には，賃金所得に対する家計納税申告書があるので，それは給与所得税額控除を維持できよう。しかしそうはなっていない。フラット税は，あらゆる控除や税額控除をなくして，税率をできるだけ低く保ち，それをはがきサイズに確実にフィットするようにしている。しかしながら，給与所得税額控除は現在のところ，低賃金所得家計に対してかなりの支払いをしている。対照的に，USA税は，単に給与所得税額控除を維持するだけでなく，新たな賃金高税額控除をも導入するのである。

しかし，フラット税のもっとも目立った特色は，富裕者に対して与えるインパクトである。この点に関して興味を引くのは，Hall and Rabushka の最初のフラット税に関する著書を参照してみることである。彼らはその著書の

中で，以下のように，これに関してあからさまな譲歩をしているのである。

> 簡素な〔フラット〕税は，大抵のアメリカ人にとって直ちによい構想であるとは必ずしもいえない。その税が経済のパフォーマンスを改善する場合を除けば，それは少数の高所得家族が現在支払っている非常に高い税の窮地から脱出させ，そうした動きに必要な財源はあらゆる者のほかの租税をわずかばかり引き上げることで確保されるであろう（Hall and Rabushka, 1983, p.53）。

彼らは，長期的にはすべての者が，限界税率が低くなることに反応して，もっと熱心に働き，もっと多く貯蓄する場合に，利益となると論じている。そしてその後で，彼らは以下のようなもうひとつの人目を引く認識を示している（p.58）。

> さて，よくない情報についてはどうか。簡素な税は，すべての人の暮らしをストレートに改善するものではない。成功した人に対する重税は，彼らを最も生産的な事業から撤退させ，**租税回避**に注意を振り向けさせる上，もたらされる税収はまったくわずかにすぎない。インセンティブ改善方向への反応が見られるまでは，成功した者へのより低い税が平均的な人々に対するより高い税によって埋め合わされざるを得なくなるのは明白な算術上の法則である。

長期的には，あらゆる人が利益を得るという主張を繰り返した後，彼らは次のように述べている（p.58）。

> フラット税の批評家が，税制改革の結果，誰が勝者で誰が損失者になるかの推計に関する重要な指摘をしているので，この論点に若干時間を費やすことにしよう。言うべき第1のことは，こうした批判家は，彼らのグランドに立てば正しいということである。もし所得が税制改革後正確に同一に保たれるとすれば，貧者や中間所得層が富者を補助しているのである。こうした推計は全て，そのやり方いかんにかかわらず，疑問と不確実で充満しているけれども，われわれが到達する一般的な結論は同じである。つまり，税制改革は，多数にとって直ちによいこととは限らないということである。

彼らは，長期的には，すべての者が利益を得るであろうという確信を再度強調している。

これらの注目すべき主張に関して2つの点が言及に値する。第1に，**Hall and Rabushka** は次のことを認めている。つまり，フラット税は，はじめ普通の人に損害を与えるけれども，富者には直ちに助けの手を差し伸べる。第2に，彼らは，富者を成功者と好んで呼んでいる。このように，疑いもなく，フラット税は「成功者」には直ちに報酬を与え，成功していない者には，最後にははじめのうちの負担も免れるであろうと約束することで慰めて，辛抱強く待つように頼むのである。

　ちょうど2年後に，**Hall and Rabushka** (1985) は，フラット税に関する第2の著書を発刊したが，その序文は大いに興味をそそる。その中で，彼らは，1983年の著書で認めた譲歩を撤回している。彼らの説明は以下のとおりである (pp.viii-ix)。

> 　提案に関するわれわれの言い分はかなり変化した。おそらく最も重要なのは，現行税制が賃金や給与にかなり深刻なゆがみを与えていると説明した点である。以前は，われわれは，中間所得よりも高い申告所得にもっと救いの手を差し伸べるようアッピールしたように租税構造に関し受身であった。今やわれわれは，論点が申告所得がどうなっているかではなく，隠れた所得にあることを認める。富裕者が受け取る所得の多くは，課税されていない。というのは，富裕者の所得の多くは，現行租税システムにおいて最も少ない課税を勝ち取っている事業所得の形態をとっているからである。この事業所得に実効税を課すことによって，われわれは課税負担を賃金や給与所得者から富裕な事業所得受領者に移すことにしよう。中には，われわれの初期の著書がより効率的な経済のためには，公平がわずかばかり犠牲にならざるを得ないと主張したものと解釈した人もいた。今やわれわれは，公平と効率は同じ改革の一端として実現できることを主張する。

　彼らの1985年の議論は，多くの富裕家計が所得税制では現在ほとんど税を支払っていないという主張に基づいている。富裕者の中で，どれだけ合法的な租税回避や非合法的な脱税が横行しているかについては，これまでもいくつかの研究や多くの推論の対象とされてきた。しかしながら，表3.3が際立って浮き彫りにしていることは，現行所得税の下で，連邦税収の大きな比率を

表 3.6 現行の個人および法人所得税（EITCを含む）と税収中立の20.8％のフラット税との代替（1996年の所得水準）

家計の経済所得の分位	現行法での課税後所得	課税後所得での変化			連邦税の変化率
		所得税の廃止	フラット税	総変化	変化率
最低分位	171.1	−4.5	−7.0	−11.5	−6.7	80.9
第二分位	431.0	9.9	−33.0	−23.1	−5.4	37.7
中間分位	697.9	59.6	−79.7	−20.1	−2.9	13.7
第四分位	1,091.9	126.6	−153.3	−26.7	−2.4	9.8
最高	2,693.1	536.7	−479.4	57.3	2.1	−7.4
全体	5,054.7	729.4	−753.8	−24.4	−0.5	1.9
上位10％	1,899.8	427.7	−348.8	78.9	4.2	−14.0
上位5％	1,371.5	341.2	−252.8	88.4	6.4	−21.3
上位1％	683.5	202.7	−122.6	80.1	11.7	−36.1

出所：合衆国財務省，租税分析局（1996，p.455）。詳細は巻末の注5を参照。

支払ったのは，富裕家計であるということである。すなわち，1994年に，最高所得者10％が支払ったのは，連邦税の40％超であり，最高所得者5％が約30％を，そして1％が15％を支払った。現行所得税が，富裕者がごく小さな割合の租税しか支払っていないことを許しているというのは真実ではない。

合衆国財務省租税分析局（OTA）は*Tax Notes*の1996年1月22日号において，**フラット税**の税収とその分配効果の分析を提示している。最初にOTAは，下院議員 **Dick Armey**（共和党—テキサス）および上院議員 **Richard Shelby**（共和党—アラバマ）の1995年7月のフラット税提案を分析している。それは，家計と事業純キャッシュ・フローに対する17％の税率，夫婦合算申告者に対する21,400ドルの免税および各扶養者に対する5,000ドルの追加控除，したがって，4人家族に対する31,400ドルの控除という内容のものである。

OTAの見積もりによると，1996年にこのフラット税は，代替される所得税の税収の80％しか徴収しないであろう。[4] 所得税収は，GDPのおよそ10％であるので，これは税収をGDPの2％だけ低下させるであろう。こうして連邦税収は，GDPの19％から17％へ低下する。連邦歳出は，GDPの22％であるから，連邦予算赤字はGDPの3％から5％へ上昇し，それはほぼ67％も上昇することになる（2％/3％）。

所得税と同じ税収を徴収するには、31,400ドルの控除つきのフラット税の税率はどのくらいになるのか。OTAの見積もりはおよそ21％である。OTAは次いで、この21％の税収中立的なフラット税の分配効果を分析している。それは表3.6に示されている。[5]最高所得者10％については、所得（Y）税の廃止は、課税後所得を4,277億ドルに引き上げ（第2列）、他方で、フラット税は課税後所得を3,488億ドルしか減じない（第3列）ので、課税後所得は789億ドル（第4列）、すなわち4.2％（第5列）上昇する。トップ5％の課税後所得は6.4％上昇するが、トップ1％の課税後所得は11.7％上昇する。

人々は、右列の数字に関心を示すかもしれない。それは最高所得者1％（349,438ドル超の所得）が36％もの減税を享受し、最高所得者5％（145,412ドル超の所得）が21％の減税、10％（108,704ドル超の所得）が14％の減税を受けることを示している。そして最高所得層を除くすべての租税区分が増税され、最低所得ブラケット（15,604ドル以下の所得）が81％もの増税をこうむる。賃金稼得や所得の不平等が最近拡大していることからして、いったい誰が、こうした租税負担の再分配が公平であると進んで論ずるであろうか。

富者がいかにして大きな減税を得るかを理解するのは難しくない。最高所得層の税率は、現行所得税の場合の39.6％に比して20.8％である。この税率が所得税と同じ総税収を上げる税率なので、20.8％のフラット税が非富裕者にも課せられなければならない。しかし、フラット税は一体いかにして非富裕者により多く支払わせるのであろうか。低所得の労働家族に関しては、給与所得控除の撤廃がひとつの重要な鍵である。OTAは、子供が2人いる17,680ドル（最低賃金の2倍）の給与の既婚カップルの例を出している。1996年に、フラット税は2,278ドルの給与所得控除に終止符を打つであろう。OTAによると、ほかの調整措置とあわせて、この家族はフラット税のおかげで、最終的には、2,442ドル生活が悪化することになろう。

中間所得層に関しては、**健康保険とFICA（社会保険と医療）**の保険料の雇用主控除が廃止されることがしばしば鍵になる。OTAが提示しているのは、50,000ドル稼得している既婚カップルと4,950ドルの健康保険の雇用主保険料の例である。雇用主が支払うFICA保険料は、3,825ドル（50,000ドルの7.65％）

である。20.82％のフラット税であると、保険料控除の廃止は、雇用主に20.82％×(4,950ドル＋3,825ドル)、つまり1,827ドルの費用をもたらす。OTAは、この1,827ドルの負担は、最終的には、給与を低く抑えることで被用者に転嫁されると想定している。[6] OTAによると、このフラット税のおかげで、ほかの調整措置も一緒に考慮に入れて、この中間所得家族は最終的に1,604ドル生活が悪化することになる。

　フラット税が「累進性」の技術的定義に適合しているのは真実である。フラット税は、税率が2つであって、1つではないために、若干の累進性を持つのである。つまり、賃金所得の最初の30,000ドル（概算で）に対する0％とそれを上回るすべての追加所得に対する（概算）20％の税率である。税率が2つであるので、所得に対する税率は、低所得家計に対する0％から、非常に裕福な家計に対する20％へ上昇していく。こうして、上昇する税率が意味しているように、フラット税は「累進的」である。

　もちろん、累進の程度が実際問題である。20％のフラット税の場合、所得に対する税率は、家計がいかに裕福であろうと関係なく、20％を超えることはないであろう。これと対照的に、現行所得税の場合、非常に裕福な家計に対する税率はほぼ40％である。上に掲げたアメリカ財務省のOTAの表は、現行所得税が、緩やかな累進フラット税よりも、富裕者にかなり高い税負担を実現させていることを示すものである。これと対照的に、USA税設計者は、現行所得税とほぼ同じ租税負担の配分を実現させるUSA税の税率とブラケットのセットを規定するように税務技術者に指示している。

　OTAの研究は、反論を受けずに過ごしてきたわけではない。フラット税論者は、OTA研究が、「静学分析」を用いている、つまり、労働と資本の供給が税率削減に反応しないと想定している点で、欠点を持っていると主張する。[7] 彼らが論じていることは、限界税率が低くなれば、多くの者が経済に労働や資本（貯蓄）をより多く供給するように誘引されるということである。したがって、21％の税率を要するOTAの仮定に反して、17％の税率で十分な税収が上げられるであろう。特に富裕者は、17％の税率で、少なくとも現行と同じだけの税収を貢納するであろう。それは、彼らが労働や資本の供給を増加

させるからばかりではなく，租税回避行動を減らすであろうからである。

　大抵の経済学者は，供給サイドの効果を考慮に入れるべきことを主張して，フラット税が，原則として正しいことに同意する。しかしながら大抵の経済学者は，現実の供給サイドの反応が，OTAの静学分析から発すると思われるマイナス要因，つまり，「フラット税は，富裕者から非富裕者に租税負担をかなり大きく再分配する」という要因を逆転するほど大きくはないのではないかと疑っている。

　最後に，フラット税支持者の中には，そのマイナス要因に異議をさしはさまない者もいる。事実，彼らはこうした再分配を公平とみなしている。彼らの見解では，富裕者がすでに過剰に課税されているために，現行の税負担を富裕者からシフトさせるべきであると思い込んでいる。**Hall and Rabushka**は，「成功者」が彼らの努力や業績に対してペナルティを課されてきたと信じている。これらのフラット税論者にとっては，緩やかな累進税であるフラット税が現行所得税やUSA税案のようなかなりの累進税よりも公平である。

　それに対する反論として，現行家計税の累進度を維持しようとする者は，次の2つの点を指摘する。第1に，現行家計税の累進は社会保険税の逆進を相殺している。第2に，表3.4が示すように，現行の累進的な所得税にもかかわらず，最高所得者10％については，1990年の課税後所得の比率が34.5％（これに比較して表3.1における課税前所得の比率は36.1％）であり，最高所得者5％については，その比率が24.5％（これに対比して，課税前所得の比率は25.7％），最高所得者1％については12.2％（課税前所得の12.8％と対比）である。現行の累進度でも，国民の課税後所得比率が大きい富裕者を課税前所得の比率とほとんど同じままにしているのである。

累進所得税と累進消費税の比較

　USA税は，所得税と同じように累進税率を利用する。USA税は，あらゆる所得税と同様に，1単位ごとに累進性を持たすことができるのである。USA

税はそれゆえに，高所得家計，中所得家計，低所得家計の比率が所得税と同様になるよう，税収を上げることが可能である。これを確認するために，富者が20％を，中間層が10％を，そして低所得者が０％を貯蓄すると想定しよう。もし，無制限貯蓄控除が導入されたにも関わらず，議会がおろかにも税率表の税率を変更し忘れたならば，無論，富者は大幅な減税を，中間層は中程度の減税を享受し，低所得者は全く恩恵を受けないことになる。そしてそれは連邦税収にも大幅な減少をもたらし，予算の赤字問題を悪化させる。

　USA税は現行所得税と同額の総税収を上げるように設計されている。同額を徴収するためには，新しく導入される貯蓄控除に対応する分だけ，税率が引上げられなければならない。税率はどのように引上げられるべきであろうか。この例では，富者から同額を徴収するためには，税率をおよそ20％引上げ，20％の貯蓄控除を相殺しなければならない。中間層について目的を達成するためには，およそ10％の引上げが必要である。低所得家計については，税率の変更は不要である。USA税が行おうとしているのは，まさにこれである。同額を維持するためには，税率はより高くなければならない。

　累進USA税は，税負担を，累進所得税と同じように各階層へ配分しようとしている。むろん，各階層の中においては，良くなる者と悪くなる者とがある。すなわち，たくさん貯蓄する富者は税負担が小さくなり，あまり貯蓄をしない富者は税負担が大きくなるが，富裕な家計が支払う税の平均額は変わらない。もし市民が著しい累進性を好むとすれば，まさにそれこそが，売上税や付加価値税，フラット税などよりも所得税が望まれる理由なのである。しかしこのことは，USA税よりも所得税を選好する理由にはならない。

　累進税率を用いて個人に課税するとき，果たして所得よりも消費に応じて課す方が公平なのであろうか。所得税支持者は，ただひとつの根本的な理由から，「そうではない」と答える。その理由とは，消費よりも所得のほうが担税力をよりよく測ることができるという，彼らの主張である。所得は高いが消費は少ないという倹約家について考えてみよう。高い担税力を持つこの倹約家には，単に消費を抑えることを選択したという理由から低い税を課すことよりも，高い税を課すことのほうが公平ではないのか，と所得税支持者は

言う。所得税が公平であるという論拠を示す秀逸な解説が，**Goode**（1980）や **Pechman**（1990）によってなされている。こうした議論は繰返し行われ，広く知られているので，ここでは累進消費税の支持者によってなされている議論に焦点を絞ることにする。

累進消費税を提案する者の根本的な主張は，人は，経済のパイにどれだけ貢献したかではなく，経済のパイからどれだけ引き出したかによって課税されるほうが公平である，というものである。

人々の所得は，多くの場合（しかし常に必ずという訳ではない），その人の生産を，すなわち経済における産出への貢献を，大まかに反映している。それゆえ，所得への課税は，およそその人の経済のパイへの貢献に対する課税となるのである。これとは対照的に，消費への課税は，人が自分自身の満足のために取分けたパイの切片への課税である。

人々が生産をし，所得を得るならば，それは利用可能な財やサービスのプールへの貢献となる。生産が他者の経済的厚生にもたらすものは，減算ではなく加算である。所得は，財を要求する潜在的な権利であって，実際になされた財の引出しではない。これに対して，人々が自分自身の消費のために資源を実際に引出すならば，その資源は他者が消費に利用することができなくなる。また，人々の将来的な生産性と所得を引上げるために，企業が設備や施設，技術に投資することもできなくなる。累進消費税の提唱者は，他者が利用可能なものにどれだけ加えたかに応じてではなく，他者が利用可能なものからどれだけ引出したかに応じて，人々に税による負担の請求を行うことが公平であると主張しているのである。

カールとスーザンという人物を想定しよう。彼らは同じだけの生産を行い，同じだけの所得を有している。但し，カールは，自分自身が享受するための財を引出すことに全ての所得を使用し，スーザンは所得のごく一部だけを消費財の引出しに充て，他者が消費したり投資したりするために資源を残したとする。彼らに同じく課税することが本当に公平といえるだろうか。両者は，消費する力を同じだけ有している。しかしスーザンは，カールよりも多くを他者のために残しているのである。

このような公平の見解に基づけば，カールはスーザンよりも多くを支払うべきである。しかしここで，カールがスーザンの2倍の消費をしたと仮定してみよう。これは，彼がちょうど2倍の税を支払うべきことを意味するのだろうか。いや，そうではない。累進消費税の提唱者は，カールは，スーザンが支払う額の2倍以上の税を支払うべきであると信じている。但し，その課税標準は所得ではなく，消費である。

誤解が生じないよう述べておくが，消費は悪いことでもなければ，害を及ぼすものでもない。私の主張は単に，ある人が消費をし，他者に残される資源を減じたならば，その人には，資源の引出しに応じて負担を求めることが公平であるというだけなのである。そしてそれは，他者が利用可能なものから引出したものが多いか少ないかに関わらず，獲得した所得（それはおよそその人が貢献した産出を反映している）に応じて負担を求めることよりも，間違いなく公平であると思われる。

Fisher and Fisher (1942, p. 94) は，累進消費（「支出」）税を提唱する，彼らの先達的な研究書 *Constructive Income Taxation* の中で，次のように述べている。

> そのような租税政策は，マンションを抑制し，工場を促進する。もし，裕福な者が比較的貧しい者の目に不快に映るとしたら，それは彼の大邸宅や多額の消費支出のせいであって，多額の貯蓄や大規模な工場設備のせいではない。成金趣味の俗物根性は，たくさんの使用人を侍らし，ダイヤモンドがちりばめられているような怠惰で，浪費的な生活につきものであるが，大きくとも事業主自身が働いている工場には見られない。現に，民主主義国アメリカでは，貧者のように働き，生活し，自分の儲けを消費の手段としてではなく，生産の手段として用いるような富者に対して反感をもつ労働者はほとんどいない。

彼らは，社会的帰結に関する章を，次のように結んでいる。

> それゆえ私たちは，租税制度が厚生全般に与える一般的な効果は想像以上であるということを再度指摘しておく。さてここで，通常のように，最も現実的な考察に戻ろう。逸り立つ競走馬に馬具を装着するのと同じように，貯蓄家に馬具をつけ，鞭で打つ（それは彼の機嫌を損ねるだけである）代わりにほんの

少しの砂糖を与え，彼を夢中にさせておくのはうまい政策である。これらは全て，彼のレースが自分たちのレースであるという考え，そして彼の貯蓄を促進し，彼の支出を抑制することが，自分たちの利益につながるという考えに根ざしている。

ケンブリッジ大学のすぐれた2人の経済学者が，20年の時を隔て，それぞれが雄弁に，累進消費（支出）税の公平に対する見解を述べている。**Nicholas Kaldor** は，古典となった彼の研究書 *An Expenditure Tax* に次のように書いている（1955, p. 53）。

> 支出ベースは，人々が公共のプールにどれだけ加えたかではなく，公共のプールからどれだけ引出したかに応じて，人々に課税する。社会の人々が自分たちに共通する欲求を相互の協力を通じて充足するために，高度に入り組んだ取決めを進んで受け入れる，そのような住民が火星からやってきて，次のことを知ったならば，さぞかし頭を悩ますことであろう。それはすなわち，各個人が，自分が社会から受けた便益の総量に応じてではなく，他者の幸福に対する自分の個人的な貢献に応じて，社会が便益を供与するための財源を分担しているということである。人が，自分自身の目的を達成するために，自分以外の社会構成員に負担をかけることがあるとすれば，それは稼得することでも貯蓄することでもなく，まさに消費することである。消費以外の活動においては，個人の利益と社会の利益とは相反することなく，共存する（後略）。
>
> この議論が示唆しているのは，私たちは，個人の行動が社会にもたらす結果や租税制度そのものが行動に与える影響を切り離しては，最も公正な租税制度はどのようなものかを考察することはできないということである。通常，インセンティブの問題は，きわめて明瞭に公平の問題から区別することができると考えられているが，最近の分析によれば，個人の行動の経済的および社会的影響を考慮することなしに「公正」の究極的な基準を確定することは不可能である。

ケンブリッジの2人目の経済学者はノーベル賞受賞者である **James Meade** であるが，彼は，財政研究委員会の報告書である *The Structure and Reform of Direct Taxation* の序文に，次のように書いている（1978, pp. xv-xvi）。

「効率」と「公平」という2つの目標の間には，ある程度の不可避的な衝突がある。しかしその衝突が最小になるよう努めることは可能であり（中略），租税制度の構造はそのための重要な要素のひとつなのである。

この目標に適した構造は（後略），人々が貯蓄や事業を通じて経済システムに加えるものではなく，人々が経済システムから高水準の消費を通じて引出すものに対して負担を課すような直接税への，抜本的な改革によってもたらされる。

最後の要因は最も重要である。この方法による課税標準の変更は，大規模か小規模か，あるいは，個人所有か国有か，それとも労働者経営かに関わらず，全ての形態の企業に，税を払うことなしに，利益を自らの事業に再投資することや，あるいは他者の貯蓄を借入れることを可能にする。そしてそのことはあらゆる形態の経済発展に寄与するのである。しかし同時に，自分の資本資産を取崩すことによって高水準の生活をしつづける富者は，現在よりも重い税を課せられることになる。

この改革に対して考えられる政治的反応は，「左」においては，それを拒否することである。なぜならば，それが，個人資本家の企業に（国有企業や労働者経営企業と同様に），より多く投資し，雇用可能性を拡大する機会を与えるからである。そして「右」においても，それを拒否することである。なぜなら，それが相続財産で生活する富者に打撃を与えるからである。私は，これとは逆のことが起きるよう望んでいる。それはすなわち，「左」はそれに含まれる平等主義的な意図を歓迎し，「右」はあらゆる形態の企業に対する機会とインセンティブの開放を歓迎することである。実のところ，もし，我々の混合経済において，政治的な合意を達成するために妥当な基盤を見つけなければならないのなら，私は，この種の租税構造をおいて他に，この目的に対してよりよく財政的に寄与できるものを知らない。

ハーバードの Martin Feldstein（後のレーガン政府経済諮問会議座長）は，*New Public* の記事において（1976年2月28日，p. 15)，累進消費税を支持し，次のように評している。

> だれもが，消費がどのように賄われているかに関わらず，どれだけ消費したかによって課税されるべきであるという考えは，我々の公平の感覚に強く訴えかけてくる。

ハーバードの Lawrence Summers（クリントン政府における財務省副長官）

もまた，消費税は公正であると信じている。彼は自らの論文 "An Equity Case for Consumption Taxation" に次のように書いている (1984b, p.258)。

　第1に，公平な課税標準の選択に関する問題がある。**Thomas Hobbes** は，社会のポットから引出したもの（消費）に応じて人々に課税することには，彼らが与えたもの（彼らの所得で計測される）に応じて課税することによりも，より大きな正義があると論じている。たいていの場合，この価値判断には反論の余地がないように思われる。自分の資産を引出して高水準の消費を維持しているような富者に，何らかの税を支払わせるべきではないだろうか。借金をして自分の所得以上の生活をしている浪費家に，彼の享楽に応じて税を支払わせることは，不合理なことであろうか。
　消費税の批判者は，莫大な資産を享受しながら税を少ししか払わない，倹約的な億万長者というはっきりとした反例を指摘している。私には，この議論に説得力があるようにはあまり思えない。もしある個人が消費を控え，自分の資産を生産性や経済成長へ貢献するよう使用できるようにしたのならば，なぜ彼は課税されなければならないのか。この質問に納得のいく回答をすることは困難であろう。なぜなら，稼得された収入やそれに対する利子は，いかなるものであれ，最終的にはそれが支出される際に課税されるからである。
　この議論は非常に重要と思われるので，今しばらく続けることにしよう。消費税は，ごく現実的な感覚において，所得税よりも強制的でない。所得税の下においては，稼得し，貯蓄するものは，税を支払わなければならない。古い冗談には次のような言葉がある。「活力と事業と節倹の報酬，それは税だ」。消費税の下では，事業と節倹に罰が与えられることはない。そして活力と努力は，それらの成果が貯蓄されている限り，課税を免れる。

パイからの引出しに応じて課税をする原則と，担税能力に応じて課税をする原則を比較することは興味深い。ほとんどの場合，2つの原則がもたらす家計間の課税パターンは同じである。なぜなら，高消費の家計は一般に高所得であり，資産を所有しており，そしてそれゆえに高い担税能力を有しているからである。しかしながらいくつかの場合においては，2つの原則は各家計に全く異なった課税をもたらす。ここでは，通常よりも注意深く，**応能原則**を精査する必要がある。
　多くの分析者が，そして事実上全ての所得税支持者が，担税能力は公平

性を測る唯一の基準であると当たり前のように信じている。例えば，"The Superiority of the Income Tax" と題した論文における **Goode** (1980) の議論は，全体を通じて，どの税が担税能力をより精緻に反映するかを評価することだけに終始している。**Aaron and Galper** (1985, pp.20-21) は貯蓄控除を伴う家計税を提唱しているが，彼らもまた，こうした担税能力論を展開している。

　　公平であるためには，同じ担税能力を持つものは，同じ税額を支払わなければならない（後略）。私たちの考えでは，消費だけが個々の人々の担税能力や全体の経済力を測るための精緻な物差しではない。資産の蓄積は，例えその資産が消費に充てられなくとも，その所有者に貴重な経済的および社会的便益をもたらす。従って，資産蓄積も担税能力の物差しに加えられなければならない。消費税とは異なり，所得に課せられる税は，当該課税期間中には消費に充てられない資産の蓄積を捉えることができる。それゆえ私たちは，所得は担税能力を測ることに適していると考えるのである。

Pechman は，アメリカ経済学会 (American Economic Association) の1989年大会における会長挨拶で，次のように述べている (1990, p.6, 9)。

　　経済学者は，長い間，「担税能力」概念の問題を抱えてきた。近年，彼らは，消費は所得よりもうまく担税能力を測ることができるという古い考えを復活させている。私は，平均的な考えを持つ者のほうが正しいと考えており，公平な方法で税収を上げるためには，これからも所得税に頼っていくべきであると考えている（後略）。私は，消費よりも所得の方が良い担税能力の指標であると結論している（後略）。

しかしよく考えると，応能原則は便宜主義的な要素を含んでいる。この原則では，単にある個人がより多く支払うことができるというだけの理由から，その個人により多くの税を課すのである。これに対して，合理的であると思われる主張は，公平の原則は，各々の人々が，どれだけ経済のパイに加え，どれだけ経済のパイから引いたのかを考慮すべきであるというものである。ある者の経済行動が他の者へどのような結果をもたらしたかが考慮されるべきなのである。この観点からは，どれだけ経済のパイに加えたかではなく，

どれだけ経済のパイから引いたかに応じて税を課すことこそが，公平であると思われる。

累進消費税の支持者は，公平には他者にもたらす結果を考慮に入れなければならないと考えている。実際のところ，人は消費から得るのと同じように貯蓄から満足を得る。しかし貯蓄は投資を引上げ，それゆえに将来の生産性を高めることによって，他者に便益を与える。消費が便益を与えるのは，ただ資源を消費する者にのみである。[8]

第2章では，アメリカ合衆国の貯蓄率を引上げるための議論を示した。貯蓄率の引上げは，低スキルの労働者を含め，全ての労働者の実質賃金を高める。そしてそれゆえに，それは，低スキルだが労働する能力と意思を持った者において，より速く絶対的貧困を減少させるのである。より高い貯蓄率は，将来における私たちの国際的な生活水準の順位を護り，技術の進歩を通じて「人類の向上」に貢献するだろう。実のところ，こうした帰結はいずれも，貯蓄する家計の意欲を刺激するものではない。しかしそれでもなお，USA税支持者にとっては，こうした帰結は公平にとって重要である。なぜ消費よりも貯蓄により軽く課税すべきなのであろうか。貯蓄と消費は共に，自分自身の利益によって動機付けられている。しかし，貯蓄行動は他者に良い結果をもたらすのに対し，消費行動はそれをしない。そう，それゆえに私たちは，消費よりも貯蓄に軽く課税することが公平であると判断しているのである。

Fisher and Fisher (1942, p.101) は，彼らの論文の中で，**John Stuart Mill** から1文節を引用することで，この問題に言及している。

> 貯蓄をするために貧者のような生活を選択している富者には，本当に貧しい者よりも多くを支払う余裕があるということが指摘されるが，**John Stuart Mill** は，これに辛辣な回答をしている。彼は次のように言う。
> 「さらに，貯蓄するための資金の大部分を富者が有している以上，貯蓄に特典を与えることは，それがいかなるものであれ，貧者の犠牲の上に富者を優遇することに他ならないという批判がなされる。これに対して私は次のように回答する。そうした優遇は，富者が所得の利用を自分自身の欲求充足から生産的な投資へ転じた割合に相当する分だけ，富者に与えられる。投資へ転じることを

通じて，所得は，富者自身によって消費されてしまう代わりに，貧者に賃金として分配されることになる。もしこれを富者に有利であるというならば，一体いかなる租税評価方法をとれば，貧者を有利にするといえるのかを指摘してもらいたい。

Feldstein (1976, p.16) は同様な指摘をしている。

> 消費税への移行は，国民貯蓄率を引上げると思われる。利用可能な貯蓄が増えることで，投資率は高まり，資本ストックの成長は増大するだろう。この労働者1人あたりの資本量の増加は生産性を高め，それゆえ実質賃金を引上げる。このように，労働者は全体として，間接的にも直接的にも税制改革から利益を受けることになるのである。

富者は，高い所得税が貯蓄能力を抑圧し，国民投資を減少させ，全ての人々に損失を与えることに対し，しばしば反対の立場をとる。これには充分な正当性が認められる。累進消費税は裕福な家計を試す。高貯蓄で裕福な家計は，実際に減税を享受し，自身の貯蓄能力をさらに高めることになる。極端な場合，各蓄家の富者はほとんど税を支払わないであろう。これに対して，低貯蓄で裕福な家計は，より多くの税を支払うことになる。

このように，累進消費税は，富者に新たな契約をもたらすのである。それは彼らに，「もしあなた方が貯蓄をし，投資と生産性と平均的な労働者の賃金を引上げるならば，あなた方は低い税負担によって報われるだろう。しかしあなた方が消費をし，自分自身の便益のために経済のパイから資源を引出すならば，あなた方はさほど報われないだろう」と声明する。その目的は，消費を罰することではなく，将来の産出と消費を高める貯蓄に報いることにある。

所得税の支持者は，富者とのこうした契約が結果としてもたらすであろう富の集中を憂慮している。例えば，**Pechman** (1990, p.9) は次のように書いている。

> 支出税の下では，貯蓄をする納税者は，生涯を通じて巨額の資産を蓄積することができる。全てではないが，多くの支出税擁護者は，極端な富の集中を防

ぐため，**資産税，遺贈税，贈与税**を支持している。しかし，この国と他の国における資産移転課税の歴史は，遺贈税や贈与税が効果的に支出税を補完することをほとんど保証してくれない。

　累進消費税の提唱者は，彼らの税が所得税よりもうまく資産蓄積を促進するという告発に対して，罪を認める。家計による資産の蓄積は，実物資本（機械や科学技術など）の集積に対応するが，それは生産性や平均的な労働者の実質賃金を引上げるものである。人々が蓄財するならば，それに対応する実質資本は，他者に便益を与える。もし彼らが蓄財することをやめ，消費するならば，彼らは自分達だけに便益を与えることになる。累進消費税は，次のような契約に行きつくのである。「蓄財するならばあなたの税負担は低くなる。資産取崩しや消費をするならばあなたの税負担は高くなる。あなたの税負担は，あなたの行動が他者にどのような影響を与えるかに依存する」。

　私の見解では，この富者との新たな契約には，贈与税と遺贈税を廃止し，その税収は富者に適用される消費税率の引上げによって代替されることが含まれていなければならない。そのねらいは，富者に過大な消費を慎むインセンティブを与え，将来，平均的な家計に便益がもたらされるよう，資本蓄積のために資金を残させることにある（**McCaffery**, 1994a, 1994b, 1995)。

　こうした視点に立てば，平均的な家計に将来もたらされるこの便益は，倹約家で富裕な家計へこれまで以上に富が集中することによって生じる害よりも重大である。そうした集中が政治にもたらすかもしれない結果への漠たる懸念は，各個人による資産の蓄積を減じるために所得税を用い，それによって人々の将来の生活水準を損なってしまうことの理由としては乏しいものである。経済へ悪影響を与える政治問題を回避するための手段としては，資金集めやロビー活動を規制する規則の改革のほうが，より直接的である。

　消費税提唱者の間でも，贈与税および遺贈税をどのように扱うかについては意見が異なる。1995年 USA 税法案は，これらの税には変更を加えていない。消費税の代わりに**消費・贈与・遺贈税（CGB 税）**を提唱するものは，（Pechmanのような）所得税支持者と，贈与や遺贈については贈与者が課税されるべきであるという意見を共有していることは明らかである。しかし，人は経済の

パイから実際に引出したものに応じて課税されるべきであると考えている者はCGB税よりも消費税を選択し，そして贈与税と遺贈税の廃止を支持するであろう。なぜならば，そうした資産の移転は実際の消費を意味するものではないからである。

しかし，富者が，単純に消費することからだけではなく，稼得することや蓄財することからも直接的に喜びを感じることはないのであろうか。いや，彼らがそれを感じていることは間違いないだろう。しかし累進消費税支持者が注目しているのは，他者への影響である。あなたは稼得したり蓄財したりすることそのものを楽しむかもしれない。しかし，それはあなたにより重い税を課すことの充分な理由とはならない。あなたは，自分自身の楽しみのために経済のパイから巨大な切片を取出した時にのみ，より重く課税されるべきである。しかしその理由は，その切片を不正に楽しんだからということではなく，他者に残されるものがより少なくなるからなのである。

Summers は，この新たな富者との契約が，結果として家計税をより累進的なものにすると考えている。それはなぜであろうか。彼らは次のように説明している（1984b, p.260）。

> さらに，消費税の下では，貯蓄の決定に歪みが与えられることはもはやない。これは，所得税の下において累進性を引上げることを妨げている主要な障害のひとつを緩和するであろう。高い限界税率が貯蓄決定へ過度に干渉するということは，もはや累進性に反対する理由とはならない。消費税の下では，富者の高い限界貯蓄性向は，累進性に反対するための根拠とはならないのである。経済学者の言葉で言えば，効率費用が最小化されるならば，より高い累進性が最適な課税となると思われる。

言い換えるなら，富者へより高い税率を課すことが所得税に提案されるならば，それは貯蓄をする者に，貯蓄の代わりに税の支払いを強要することになるとして，間違いなく反対にあうことになるのである。しかし消費税の下では，この反対は解消される。富裕な家計は，貯蓄によって高い税率から逃れることができる。それゆえに議会は，富者の所得にではなく，富者の消費に高い税率を設定することを望むであろう。もしそうであるなら，家計消費

税は家計所得税よりも,より累進的な税となることは明らかである。
　最後に,累進的個人消費税における公平の基本原則を再述しておく。それは,担税能力や生産への貢献に応じてではなく,どれだけ自分自身の便益や楽しみのために引出し,どれだけ他者の消費や事業投資に残されるものを減じたかに応じて,累進税率を各個人に適用することである。

累進消費税の公正に関するその他の論点

　公正に関してはその他にも,いくつかの議論が累進消費税の支持者によってなされている。それは,(1) 所得税は貯蓄者を罰するのに対し,消費税はそれを行わないということ,(2) 所得を構成する要素の多くは,実際には課税することができないということ,(3) 消費はしばしば(しかし常に必ずというわけではない),担税能力を所得よりもうまく測ることができるということ,そして,(4)「勝者総取り(Winner-Take-All)」という行き過ぎた制度が緩和されるということである。
　1番目の議論を理解するために,CとSという2人の個人が,第0期は労働し,第1期は退職生活をしていることを想定してみよう。第0期に稼得する2人の賃金は同じであるとする。この例を簡素に保つため,Cは第0期に全く貯蓄をせず,第1期には落込むことなく堂々と貧しい生活を送るものとしよう。そしてSは第0期に貯蓄をし,第1期にそれを取崩すとする。彼らは遺産を受取ることも残すこともない。所得税の下では,2人は第0期に給与所得に対する税を同じ額だけ支払う。しかしSは貯蓄することを選択しているので,第1期には資産所得に対する税を支払う。それゆえ,Sの生涯税額はCよりも大きい。その理由は,単に,Sは第0期に貯蓄することを選択したが,Cはそうしなかったということだけなのである。
　これとは対照的に,消費税はSとCに対して中立である。Sは,貯蓄控除があるために第0期にはCよりも少ない額の税を支払うが,貯蓄を引出し消費する第1期にはより多くの税を支払う。SとCが支払う生涯税額の現在価

値が等しいことは明らかである。[9]

ここで，Sは蓄財したよりも少ない額を消費し，死亡に当たって遺産を残すものと想定を変えるとどうなるであろうか。Sの支払う税が，より多くを消費し，遺産を残さなかった場合よりも少ないことは明らかである。そのため，遺産を残すならば，SはCよりも少ない生涯税額を支払うことになる。この場合は実際のところ，消費税はCよりもSを優遇するのである。

一部の分析者は，消費税よりも消費・贈与・遺贈税（CGB税）を好む。CGB税の下では，Sは，遺産に対しても，消費と同様に課税される。これが行われると，Sが支払う生涯税額は，Cと同じになる。**Aaron and Galper** (1985, p.67) は，彼らが消費税ではなく，CGB税（彼らはそれをキャッシュ・フロー所得税と呼んでいる）を支持することを強く主張している。彼らは次のように書いている。

> 「キャッシュ・フロー所得税」の下では，貯蓄される所得への課税は，貯蓄が消費されるか贈与または遺贈によって他の者へ移転されるまで延期される。生涯の終わりにおける資産は，その納税者が行使しなかった潜在消費力に相当するものであるが，最後の納税申告において課税標準に含まれることになる。こうした資産移転を算入することこそが，キャッシュ・フロー所得税の本質である。もし遺贈や贈与が，キャッシュ・フロー税の下で，現行の**遺贈税**や**贈与税**の下におけるのと同じくらい軽く課税されるならば，キャッシュ・フロー課税標準は，所得に代えて，消費のみを測るものとなる。[10]

Mieszkowski (1980, p.182) もまた，明らかに，実際の消費のみに課せられる税よりも，消費・贈与・遺贈税を選好している。

> 消費を課税標準とした制度の公平性に関する議論のうち，いくつかのものには容易に反駁することができる。例えば，吝嗇家が消費を抑えることによって課税から逃れることのできる可能性が消費課税の不公平の証拠であるということが，時として断言されている。しかしもし吝嗇家による遺贈が死亡の際に消費として課税されるのであれば，彼は，実際には何も消費していないにも関わらず，現在価値ベースで計算すれば，受取ると同時に給与所得を全て消費に充ててしまう者と同額の税を支払うことになる。吝嗇家が非常に大きな割合で資産を蓄積するならば，彼は死亡の際に多額の税を支払うことになるであろう。

CGB税の提唱者はこうした生涯ベースの考え方を強調し，そしてSが遺産を残した時であっても，生涯ベースではCGB税はSとCという2人の個人に中立であることを強く主張している。このことは不幸な混乱をもたらす結果になった。一部の所得税支持者は，消費（支出）税の公平性の根拠は，一重に生涯中立性の主張に依存しているという明確な考えを持っている。例えば，**Pechman**は次のように述べている（1990, p.8）。「所得税と支出税の根本的な違いは，2つの税の時間に対する観念にある（中略）。支出税の支持者は生涯ベースの考え方にこそ利点があると考えている」。

　しかし消費税（CGB税ではない）の公平性に関する私たちの基本的な議論は，前節で詳述したように，生涯ベースの考え方や，主張されているようなSとCに対する生涯中立性とは無関係である。私たちの見解は，単純に，その年におけるパイへ加えたものではなく，自分の楽しみのためにパイから引出したものに応じて課税することは，各々の年において公平であるというものである。従って，実際にSの消費がCよりも少ない年には，Sが支払う税額もCより少なくあるべきである。生涯ベースの考え方は，年毎に課される累進消費税の公平性に関する私たちの基本的な議論には不適切なのである。

　それゆえに前節の議論を受け入れる者は，真に公平であるためには，Sがこの例のように多大な遺産を残す場合，Sが支払う税はCよりも小額であるべきだと考えている。なぜであろうか。もしSが生涯を通じてほとんど消費をせず，他者が消費したりビジネスが投資したりするためにより多くの資源を残すならば，彼女の支払う生涯税額は低くあるべきである。資源を実際に消費に充てない限りずっと課税を免れることができるならば，労働や貯蓄へのインセンティブはもっと強くなるということもまた指摘することができよう。

　消費税の公正に関する2番目の議論は，所得を構成する要素の多くは，実際には課税することができないということである。経済学者は一般に，古典となった研究書 *Personal Income Taxation*（1938）の著者である **Henry Simons** に，所得は消費に純資産価値の変化を加えたものに等しく，それはその変化が「実現された」かどうかに依存しないという点で同意している。それゆえ

家計が保有する企業株の市場価値が2,000ドルから3,000ドルへ上昇したならば、例えその株が売却されなくても、発生した1,000ドルの**キャピタル・ゲイン**は所得となる。発生したキャピタル・ゲインの全てに課税をすることは一般に実現不可能であるから（そして、そうした利得は、一部の富裕な家計においては所得に大きな割合を占めるが、他の家計においてはそうでないので）、所得税は必然的に不公平である。所得税を構成する要素のいくつかは完全に課税される一方、それ以外の要素は課税されない。キャピタル・ゲインは、最終的には、株が売却される際に課税されるが、課税の遅延（多くの場合多年にわたる）は実効税率を大きく減じる。そしてさらに、長期にわたる**インフレーション**がそうした計測の誤りをより一層大きなものにしてしまう。

Kaldor（1955, p.89）は、こうした発生資産所得への課税からの回避を強張している。彼は次のように書いている。

> 所得税が資産への重い課税を伴うことから消費税よりも所得税に賛成する著者たちは、まったく誤解をしているのである。彼らは、資産からの「所得」が単純で明白な概念であり、労働から生じる真の所得を捕捉することが所得課税制度の下で可能であると、議論することも分析することもなしに、当然のこととして頭から信じている。実際には、すでに見たように、それは正しいことではない。現行方式の所得税は、資産保有者を課税上優遇する差別的取扱いをしている。支出税はこうした差別を取除く。すなわちそれは、労働から所得を得てある水準の生活をしている者を、資本から同じ水準の生活を得ている者よりも厳しく取扱うことをしないということを保証するのである。

アメリカ合衆国財務省の *Blueprints* を取りまとめた **Bradford**（1980, p.85）は、発生所得を測定する際の問題点について同様の再検討を行い、同じ点を強調している。

> 前述したような問題に関連して、消費税の課税標準は行政上に明らかな利点を有している。資産の増価は、消費税とはまったく無関係である。それゆえ増価を算定する必要はなく、減価や発生したキャピタル・ゲイン、年金制度や生

命保険政策において発生した権利を評価する必要もない。また，法人に生じた留保利益やその他の出来事が出資者の資産に与える影響を算定する必要もない。現金取引が生じない限り，消費税の課税標準算定において，この種の資産について懸念をする必要はないのである。このように，事は非常に簡素である。

このことは公平に関する3番目の議論につながっている。それはすなわち，消費は，しばしば担税能力を所得よりもうまく測ることができるというものである。前述したように，消費税を推す私たちの議論の中心は，担税能力が最も重要な公平の基準であるということを否定することにある。しかし，例え担税能力を最も重要な基準であるとみなしたとしても，消費税を推す根拠はなくならない。なぜであろうか。それは，発生キャピタル・ゲインなど，真の所得を構成する重要な要素のいくつかが，実際には課税所得から欠落しているからである。それゆえ課税所得は，実際には担税能力を測る物差しとしては不完全なのである。それでは，実際の支出はこれに勝っているのであろうか。**Kaldor**（1955，p.47）の答えは肯定的である。

> 重要なのは，所得は一見したところ税額算定に適しているように見えるが，担税能力を算定することのできる所得の定義は存在しないということである。様々な源泉からの発生額を，客観的な基準に基づいて，支出能力を示す普遍的な単位に変換することは不可能である。しかし各個人は，自分の私的生活の支出水準を決定するにあたって，自分が置かれている現在の状況や将来の見通しを考慮した上で，そうした操作を自ら行っているのである。それゆえ，実際の支出を課税標準とする税は，各個人が自分自身に適用した物差しに従って，その者の支出能力を評価していることになるのである。ひとたび実際の支出が基準として採用されれば，労働所得と資産所得，一時的な富の源泉と永続的な富の源泉，実際のキャピタル・ゲインと想像上のキャピタル・ゲインをそれぞれ比較することができないことによって生じる問題は，その全てが自ずから解決する。これらの事柄は，実際の生活水準を維持するということを物差しとすれば，全てが等しいものとなる。

人口統計上に重要な位置を占めるあるグループは，全般的に，所得よりも消費によるほうが，はるかに良くその担税能力を測ることができる。それは

退職者である。退職者の多くは多大な資産を蓄積しており，それゆえに多大な担税能力を有している。彼らの所得は低いが，彼らは消費を賄うことに自分の資産を使っている。そのため，彼らの担税力を測る物差しとしては，概して所得よりも消費の方が優れている。

所得ではなく消費に基づいた家計税は，いくつかの政策プログラムにおいて，退職者を公平に扱うことを容易にする。例えば，**メディケアー**が，担税能力に応じた割合で医療費を支払うことを各家計に求めると想定しよう（**Seidman**, 1994b, 1995）。これを実施するために，メディケアーは家計税の納税申告によってもたらされる情報を利用することになるだろう。家計の担税力を算定するためには，概して，消費額を知らせる家計税納税申告の方が，所得額を知らせる納税申告よりも有用である。

最後の議論は，公平と効率に関係している。それはすなわち，私たちの市場経済における，勝者総取り（Winner-Take-All）という行き過ぎた制度が累進消費税によって弱められるというものである。**Frank and Cook**（1995, pp.viii, 212-214）は彼らの挑発的な著作 *The Winner-Take-All Society* に次のように書いている。

> ひと握りのトップに与えられる莫大な賞金を目指して数千人が競争する娯楽芸能やスポーツに共通の報酬制度は，今や他の多くの経済部門にまで広がっている（後略）。私たちは次のように結論する（後略）。社会のトップの賞金を目指す競争の多くは，高コストであり，また非生産的である（後略）。
>
> 所得を獲得することの最終的な目的はそれを消費することにあるので，消費への累進課税は，所得に対する累進課税がそうであるのと同じ理由から，勝者総取りトーナメントに参加することの魅力を引下げる。また，勝者が受取る賞金を効果的に減じることによって，累進消費税は，順位争いレースに乗出すインセンティブをも減少させる。

消費税は本当に給与税（労働者所得税）か

　所得税支持者が好む批判のひとつには，いかなる消費税も実質的には**給与税**であり，そして給与税は明らかに不公平であるというものがある。例えば，**Pechman**は次のように書いている（1990, pp.8-9）。

　　課税標準から貯蓄を省く税は，あらゆる資産所得を除外し，労働者所得のみを適用対象とする税と同じであるとみなすことができる。支出税支持者の何人かは，実際のところ，簡素性と行政上の実現可能性を理由に労働者所得へ課される税を提案している。所得税を給与税と置換えるという提案には，ほとんどの人々が驚愕するであろうが，それこそが，支出税支持者が主張することの本質なのである。

　そうした批判は，何度も繰り返されてきている（例えば，**Warren** 1975を参照されたい）。批判には理論的根拠がひとつある。貯蓄を奨励する方法は2つある。それは第1に，貯蓄を，それが行われた年に控除し，消費だけに課税することである。そして第2に，貯蓄からの収入（資産所得）を除外し，給与所得だけに課税することである。こうした2つの方法が同様の貯蓄促進効果をもたらすことは明白であるので，2つの税が実質的には同一であると主張することは当然であるかのように思われる。これは所得税支持者にとって，賢いやり方である。なぜなら，ほとんどの市民は，累進個人消費税の公平性については寛大であるが，給与税については即座に不公平であると判断するからである。

　この批判に応えるために，消費税支持者は，吝嗇家という悪評がまさにぴったりの人物，すなわち，怠惰な相続人を登場させる（**Seidman**, 1980, p.12 ; 1990b, p.50）。そうした怠惰な相続人は，多大な富を受け継ぎ，高水準の消費を賄うためにそれを使用し，人生において1日たりとも労働せず，遺産を残さないで死亡する。この怠惰な相続人は，賃金所得税の下では，どれだけの支払い義務を負うであろうか。それはゼロである。彼は，毎年4月15日に

彼の豪華な邸宅で開かれる記者会見で，自分の納税申告書を掲げて見せるであろう。その1枚の書類には何も記入されていないはずである。彼は，使用人たちに囲まれながらぼやくことだろう。働かないために税を支払う義務がないことは不幸中の幸いであった。なぜなら，自分の資産は，小銭に至るまで全て，自分の大邸宅を維持するために使わなければならないからである。彼が夕刊で引っ張りだこになることはいうまでもない。

しかしながら，累進個人消費税の下では，怠惰な相続人は自分への割当分を支払う。彼の高額の消費は高額の税をもたらす。彼が相続した株や債権を売却するとき，そのキャッシュ・インフローは資産の売却を記録に残す。それに対応する貯蓄控除がないので，彼の課税消費は資産売却額に相当することになる。実際のところ，累進個人消費税は，怠惰な相続人に所得税よりも重い税を課す。所得税の下では，彼は資産所得に対して課税される。しかし消費税の下では，彼は，彼が各々の年に消費する資産に対して課税されるのである。

ほとんどの市民は，高水準の消費を楽しむ人々は高い税を支払うべきだと考えている。累進個人消費税はこれを保証する。しかし給与税はしない。このように，公平性に関する限り，累進消費税が給与税と異なることは明白である。[11]

キャピタル・ゲインに関する行詰まりの打開

消費税と給与税の違いが最も重要な意味を持つ場は，キャピタル・ゲインの議論をおいて他にない。この議論は，所得税にとらわれて争われていることから，行詰りを見せている。キャピタル・ゲインに対する所得税率の引下げを提唱する者は，それが貯蓄や投資を促進すると主張する。利子や配当，キャピタル・ゲインといった資産所得の構成要素への税率を引下げることが，その優遇された貯蓄の増進を奨励するであろうことは，一見，もっともらしく思われる。

しかし，所得税の枠組みにおいてキャピタル・ゲイン減税を提案することは，支持者たちが，所得税から労働者所得税（給与税）への移行を，暗黙のうちに主張していることを意味する。極端な場合について考えてみよう。利子，配当，キャピタル・ゲインに対する税率をゼロに引下げる，すなわち資産所得を除外すると仮定する。それは実のところ，所得税を労働者所得税（給与税）へ転換したことを意味する。貯蓄が大幅に増進される可能性は高いと思われる。

　しかし，対抗者は，労働所得税が不公平であることを主張する。働くことはないが，資産所得や相続財産によって高水準の消費を賄っている人々は税を負担しない。他方，平均的な水準の消費を労働によって賄っている人々は，それに対応する税を支払う。所得税の枠組みの下で，こうした対抗者は，公平であるためには全ての所得に同一の税率で課税しなければならないと主張するのである。

　包括的所得税の支持者である**Pechman**は，**1986年税制改革法**によって大いに意気を揚げた。亡くなる前に書いた最後の主要な論文の中で，**Pechman**は次のように書いている（1990, p.11）。「1986年税制改革法は，包括的所得税制への重要なステップである。租税制度の公平性と効率性が大きく改善している。この法律の重要な功績は次の通りである（後略）。1921年以来初めて，実現キャピタル・ゲインが通常所得として課税されるようになった。このことは，包括的所得税改革のかなめ石となるだろう」。

　Pechmanは，キャピタル・ゲインには，課税する前にインフレ調整をしなければならないことを認めている。彼は，それをキャピタル・ゲインだけに施すことが，インフレ調整される資産とインフレ調整されない資産との間のゲームを通じて，事態を悪化させるのではないかと認識していた。そこで彼は，次のように勧告している（**Pechman**, 1990, p.12-13）。「資産価額のインフレ調整は，実質キャピタル・ゲインおよびキャピタル・ロス，実質利子所得費用，実質在庫控除，実質減価償却控除の計算の一部として，税法に組込まれなければならない。確かに利子の調整は困難である。しかしコンピュータを幅広く利用することで，税務執行上および納税協力上の問題は軽減され

るであろう」。

　1984年税制改革案においては，財務省が資産所得の構成要素のほとんどに対してインフレ調整を勧告したにも関わらず，1986年法にはそれは組込まれなかった。理由のひとつはその複雑さにある。このような遺漏があったにも関わらず，Pechmanは次のように警告している（p.13）。「キャピタル・ゲインと通常所得との課税上の差を復活させることには，どんな犠牲を払っても抵抗しなければならない（後略）。インフレーションの修正とは別に，キャピタル・ゲイン課税に必要とされる追加的な改革は，贈与や死亡によって移転される未実現キャピタル・ゲインを課税標準に加えることである。そのような利得への課税は，資産移転への課税がもたらす封じ込め効果を軽減し，水平的不公平の源を取除く」。

　議会は1990年に最高ブラケットへの適用税率を28%から31%に引上げたが，キャピタル・ゲインに適用される最高税率は28%に留めた。そして1993年には最高ブラケットへの適用税率を39.6%に引上げたが，キャピタル・ゲインへの最高税率は28%に維持した。その結果，差異の幅は再び広いものとなっている。

　消費税支持者は，議論が所得税にとらわれている限り行詰ったままであろうと主張する。双方の陣営が塹壕に切込まれている。税率引下げの支持者は貯蓄と投資を強調する。対抗者は，富裕な人々が，低額の税しか払うことなく，キャピタル・ゲインによって賄われる高水準の消費を楽しむことを許すことの不公平さを強調する。

　これに対して，累進消費税への移行は，この行詰まりを打破する。累進消費税の下では，いかなる源泉からの所得も，決してそれ自体が課税されることはない。所得は，それが消費された時にのみ，そして消費された時にはいつでも，累進税率で課税されるのである。キャピタル・ゲイン論争は一刀両断のひと振りで終結させることができる。それはすなわち，個人課税の課税標準を所得から消費へ移行することである。

個人消費税は若年者と老年者に負担を求めるか

　Pechman は次のように書いている (1987, p.272)。「多くの人々は，正にほとんどを消費に充てる家族（若年者と老年者）に最も重く負担を課し，貯蓄をする余裕のある家族（中年者）に最も軽く負担を課すような税には困惑を覚えるであろう」。第4章で勧告する実施上のオプションのひとつは，Pechman の批判に向けられたものである。ここではそれがどのようなものか簡潔に述べておこう。USA 税の下では，若年者は「高価」な財（**住宅**や自動車）への税を，購入の年に全額支払わなくても良い。もしその財の資金が借入れによって賄われたのであれば，課税は複数年に分散されるのである。こうした分散は USA 税の下では実現可能であるが，売上税，付加価値税，フラット税の下ではそうではないことが明らかにされる。現在の老年者は，所得税を支払った上で蓄積した**「移行前取得」資産**の一定割合を除外するという移行規則によって，二重課税から保護される。将来の老年者は，より多くの税を支払うことになる。なぜなら，中年期の間は，貯蓄控除を通じてより少ない税を支払うからである。

結　論

　国民貯蓄や国民投資を引上げることがいかに重要であろうとも，不公平な税を採用することによってそれを行うことは認められない。USA 税支持者によれば，貯蓄と投資を促進するいくつかの消費税が退けられた原因は，実に，その不公平性にある。売上税，付加価値税，フラット税などがそれにあたる。しかし彼らは，公平な消費税が存在するという強力な根拠を示すことができると確信している。USA 税は，累進税率を伴い，完全に累進的である家計消費税を主たる構成要素としている。もしある者が，USA 税よりも所得税の方

がわずかにより公平であると考えたとしても，その者はなお，USA税への移行を支持するであろう。なぜなら，USA税には貯蓄や投資への望ましい影響が予想されるからである。しかしUSA税支持者は，その2つが相容れない関係であるとは考えていない。彼らにとっては，生産への努力を通じて経済のパイにどれだけのものを加えたかに応じて家計に課税することよりも，自分自身の楽しみのためにどれだけのものをパイから引出したか，すなわちどれだけ消費したかに従って家計に課税することの方が，より公平なのである。

第4章 実施上のオプション

　USA税の家計部門としては個人消費税が理想的であり，事業部門としては控除型付加価値税が理想的である。この章では，USA税の各部門を設計するに際しての，実施上のオプションについて論じる。

　実施上のオプションを論じる最も良い方法は，USA税の設計者が問題解決策を試案として示し，それに対する意見を聴取するというような形で，提案を発展させ続けることであることを強調しておこう。例えば，**Domenici**上院議員の1994年論文や，1995年3月10日の *Tax Notes* に掲載された**Christian**と**Schutzer**の詳細な解説書（以下「1995年解説書」とする），そして1995年4月の法案（以下「1995年法案」とする）の間にはいくつかの重要な違いがある。意見がさらに集積されていくならば，提案もまた，さらに変化していくことであろう。それゆえ，この章では，1994年あるいは1995年に示された問題解決策を絶対的なものとはみなさない。これらの試案における決定も，実施上のオプションを検討している租税専門家の論文と同等に扱われる。

家計税の申告書

　家計税の理想は個人消費税である。家計はどのようにしてその年の消費額を計算すべきであろうか。むろん，個々の消費支出に対する数百にも及ぶ領収書を保存し，加算するわけにはいかない。実際の手法ははそれよりも間接的で現実的なものとなる。すなわち，その年のキャッシュ・インフローを合計し，そしてその年の非消費キャッシュ・アウトフローを差引くのである。

第4章 実施上のオプション

消費支出が数百に及ぶのとはきわめて対照的に，加算すべきキャッシュ・インフローと控除すべき非消費キャッシュ・アウトフローは，ほんの小さな数でしかない。

この，間接的かつ現実的に家計の消費額を算定するキャッシュ・フロー法は，エール大学の Irving Fisher と彼の兄弟である Herbert Fisher の功績であり，彼らの先駆的な研究書である Constructive Income Taxation に著されたものである。Fisher 兄弟は次のように述べている（1942, pp.4-5）。

> 「支出」だけが公平で論理的に正しい課税所得のベースであると認識する人々が，その適用がいかに現実的で簡素であるかを，しばしば理解できないことは奇妙である。私達は，1日にどれだけ支出したかをどのように計算するだろうか。私達はただ2つのデータを必要とする。
> 1．支出に充てることが可能であった額。これはすなわち，所有していた，あるいはその日の間に受取った額である。
> 2．支出しなかった額。これはすなわち，その日の終わりに残された額である。
>
> こうした単純な手順の租税問題への適用が，この提案における唯一の目新しい点である。
>
> さらに，この計算に必要とされるデータは，現行所得税に使用されている，議論の余地が残されることの多い評価法に基づくデータに比べ，はるかに信頼度が高い。
>
> それゆえに私達は，課税支出額を，食料，衣料，賃貸料，娯楽などといった個々の支出項目を合算するのではなく，全ての源泉からの粗受領額を合算し，そこから「支出」以外の流出項目の全てを控除することによって算定することを提案する。

アメリカ合衆国財務省による Blueprints for Basic Tax Reform (1984, pp.101-102) は，この手法を次のように説明している。

> この章は，消費をベースとした租税を包括的所得税の代替とする提案を示す。これは，その簡素な算定システムゆえに，キャッシュ・フロー税と呼ばれる。このシステムは家計，個人，信託，企業の所得へ課せられる現行諸税を代替するように設計されている。

表4.1　個人消費税納税申告書

	キャッシュ・インフロー	
1.	賃金および給料	60,000
2.	利子，配当，事業からの現金引出し	3,000
3.	貯蓄口座または投資基金からの引出し	2,000
4.	株および債権の売却	2,000
5.	借入れ（消費者耐久財ローンを除く）	2,000
6.	贈与および遺贈の現金受取り	1,000
7.	年金，社会保障，保険の現金給付	0
8.	合計額（第1，2，3，4，5，6，7項目を合計）	70,000
	非消費キャッシュ・アウトフロー	
9.	貯蓄口座または投資基金への預入れ	9,000
10.	株および債権の購入	7,000
11.	借入れの返済（消費者耐久財ローンを除く）	1,000
12.	現金慈善寄付および贈答	1,000
13.	高等教育授業料（投資部分）	2,000
14.	合計額（第9，10，11，12，13項目を合計）	20,000
15.	消費額（第8項目から第14項目を控除）	50,000
	控除	
16.	人的免除	10,000
17.	家族手当	7,000
18.	移行前取得資産控除	3,000
19.	合計（第16，17，18項目を合計）	20,000
20.	課税消費額（第15項目から第19項目を控除）	30,000
21.	税額	10,000
22.	賃金高税額控除	4,000
23.	純納税額（第21項目から第22項目を控除）	6,000

　その主な特徴は（中略），個人や家計の年間消費額を算定するために，資金のやり取りに関してキャッシュ・フロー会計を使用することにある。その原理は実に単純である。家計は，1年間に受領した金銭を3つの目的に使用する。すなわち個人消費，貯蓄，そして贈与である。資産の売却および贈与の受領を含む全ての金銭受領額を課税標準に含め，資産購入と贈与の控除を認めることによって，財とサービスの購入を直接監視することなしに家計の年間消費額を算定することができる。

　個人消費税の**納税申告書**は，家計に年間の消費額を算定することを求める。

個人消費税申告書の一例が表4.1に示されている。この申告書における項目は本章で説明する。但し、最終的に承認されるにあたり、実際のUSA家計税申告書は、いくつかの点でこの納税申告書と異なる可能性があることに留意されたい。

所得ではなくキャッシュ・フロー

　いくつかの提案については妥協することが必要であろうが、消費税の理念を明確に保つことは重要である。家計税申告書のねらいは、特定項目の加算および控除によって、当該暦年の消費額を家計に計算させることにある。ここに含まれる項目は、消費額の正確な算定に必要とされるものである。
　家計消費は一般に、現金（貨幣または小切手）によって賄われる。但し、クレジット・カードを使用した場合には、わずかなタイムラグを伴う。消費額を算定するために、家計は全てのキャッシュ・インフローを合計しなければならない。そして非消費キャッシュ・アウトフローを控除する。残されるものは消費である。その年の**キャッシュ・フロー**を加算・控除することによって消費額を計算するこうしたテクニックは、個人消費税を実現可能にするための、決定的に重要な手段である。こうした理由から、この税は時としてキャッシュ・フロー消費税と呼ばれている。
　ゆえに鍵となる問題は、消費額の厳密な算定のために含まれる項目が、「所得」であるか否かではなく、キャッシュ・インフローであるか否かということにある。同様に、問題は特定のキャッシュ・インフロー項目が「課税」されるべきか否かという点にもない。課税されるべきものは消費である。家計税申告書とUSA税の全ての記述において、「所得」という用語は「キャッシュ・フロー」に置換えられなければならない。その用語は、USA税がキャッシュ・フロー消費税であって、所得税ではないことを伝えているのである。

源泉徴収および支払い済みの税に関する非控除性

　一見したところでは，暦年中に**源泉徴収**された税や支払い済みの税は非消費キャッシュ・アウトフローであり，課税標準の算定において控除されるべきであると思われるかもしれない。しかし，十分証拠立てられることであるが，全ての租税（連邦税，州税，地方税）を非控除対象とすることで，望ましい状態がもたらされる。これは1995年法案と1995年解説書において採用された手法である。課税標準はこれによって，私的消費および（源泉徴収されたか，あるいは支払い済みの）租税となる。

　租税の扱いについては，少なくとも3つの論点がある。第1に，租税は多くの場合，消費アウトフローである。なぜなら租税は，しばしば公共サービス消費の財源となるからである。例えば，A氏とB氏は所得と貯蓄が同じであるが，A氏は租税負担と公共サービス水準が高い地域に，B氏は租税負担と公共サービス水準が低い地域に住んでいると仮定しよう。A氏の公共消費はB氏よりも多く，私的消費はB氏よりも少ないが，消費合計はB氏と同額となる。A氏とB氏は同額の個人消費税を支払うことが公平であるように思われる。これは地方税を非控除対象とすることで実現される。

　第2に，州または地方政府による，租税と利用者料金の間の選択が歪められない。歪みを回避するためには，租税と利用者料金の全てが控除対象とされるか，あるいは全てが非控除対象とされなければならない。しかし（売上税や個別物品税などの）間接税を控除対象とすることには実現性がない。なぜならば，家計は間接税のために支払い伝票を書いたりしないからである。ゆえに，歪みを回避するための唯一の方法は，全ての租税と料金を非控除対象とすることである。

　第3に，州または地方政府がXドルを支出した場合，市民はXドルの租税費用を負担することになる。なぜならば，USA税申告におけるXドルの控除によって生じる部分的な相殺がないからである。こうした相殺を取除くこと

は，州および地方政府の支出において，便益と費用のより最適なバランスへの誘引となるであろう。

Courant and Gramlich (1984, p.33) は，個人消費税を解説し，弁護する中で，州および地方税の控除可能性を排除することを推奨している。

> これらの税は，今や連邦所得税によって，かなり混乱した方法で扱われている。扱いの規格化は所得税を改善し，それをより支出税に近づける。州および地方の利用者料金は，連邦より下位レベルの政府によって課される最も効率的な税であるが，連邦の申告においてすでに控除が不可とされている。その他の州および地方税は連邦の申告において控除が認められているが，それは控除の明細を記して請求を行った者だけに限定されている。そうした人々は納税者の少数派であり，彼らの多くは比較的高い所得を有している。
> 　租税の適正な扱いは，所得税においても支出税においても，州および地方税を公共消費支出への支払いであるとみなし，その控除可能性を排除することにある。

USA 税の支払いを非控除対象とすることが持つ意味に気を付けなければならない。ある家計のキャッシュ・インフローの合計が100,000ドル，非消費キャッシュ・アウトフローが0ドル，USA 税源泉徴収が20,000ドル，そして消費（および他の租税）が80,000ドルであると仮定しよう。USA 税源泉徴収分の控除がなく，税率が20％であるとき，USA 税の納税義務は20,000ドルである。他方，もし20,000ドルの源泉徴収が控除対象であり，税率が25％であるときもまた，USA 税の納税義務は20,000ドルとなる。この20％は，100,000ドルに適用されることから，「税込み」税率と呼ばれる。これに対し25％は，80,000ドルに対して適用されることから，「税抜き」税率と呼ばれる。全ての租税を非控除対象とする規則を採用することは，税込み税率を使用することを意味している。[1]

非消費キャッシュ・アウトフロー

　家計消費額を計算するためには，全ての**非消費キャッシュ・アウトフロー**が差引かれなければならない。問題は，あるキャッシュ・アウトフローが「貯蓄」か否かではなく，「非消費」であるか否かである。ゆえに（純粋なホーム・オフィス経費のような）事業経費は控除対象とされるべきである。同様に，（家計が居住するための家屋と土地を除く）**不動産**の購入は控除対象とされなければならず，それが売却されたときにはキャッシュ・インフローに含めなければならない。[2] ゆえに，そうした不動産購入の控除を否定するならば，1995年法案は消費課税から逸脱することになる。1995年解説書は不動産が「貯蓄性資産」ではないことを詳細に論じている（pp. 1573-1575）。しかしそれは重要な問題ではない。家計が消費を行うのではない限り，キャッシュ・アウトフローは控除されるべきである。

　家計が所有するポートフォリオの市場価値変動は無視してもよいことに注意しなければならない。目的は家計の消費を算定することにあり，その手法は現金を追うこと，すなわち全てのキャッシュ・インフローを加算し，そこから全ての非消費キャッシュ・アウトフローを差引くことである。預貯金口座や投資ファンドからの現金引出しはキャッシュ・インフローに含まれ，現金預入れは非消費キャッシュ・アウトフローに含まれる。家計が所有するポートフォリオのいかなる市場価値変動も，家計消費の計算には無関係である。

利 子 と 配 当

　もし1,000ドルの**利子**または**配当**が，家計へ実際に現金（小切手）で支払われるならば，その1,000ドルは個人消費税申告書の第2項目に含められる。そしてもし家計がそれを預貯金口座や投資ファンドへ預入れるならば，その1,000

ドルは第9項目に含められる。

　しかし1,000ドルの利子または配当が預貯金口座や投資ファンドに発生し、そのまま口座やファンドに留保されると仮定するならば、その1,000ドルは第2項目や第9項目には含められない。もちろん、家計が1,000ドルを現金で実際に受取り、それを直ちにファンドに預入れたと装うことは可能である。その場合、1,000ドルは第2項目に含まれ、そしてそれを相殺する1,000ドルが第9項目に記入される。しかし何らそのように見せかける必要はない。この納税申告書の目的は、利子や配当、所得を計算することではなく、消費を算定することにある。家計によって実際に受領されたキャッシュ・インフローだけが、個人消費税申告書に記録されれば良いのである。

金融資産の売却

　法人株式Xの売却から得られる収入が10,000ドルであるとき、10,000ドルが第4項目のキャッシュ・インフローに加えられる。もしその10,000ドルが他の**株式**Yの購入に充てられるならば、第10項目でそれに対応する10,000ドルが控除される。もしそれが消費の財源に充てられるのであれば、相殺する控除は行われず、この10,000ドルは適正に課税される。

　ここで明らかにしておかなければならないのは、この10,000ドルが、その年の所得となるべき株式Xの利得ではないということである。例えば、もし1月1日におけるXの市場価値が9,000ドルであり、12月31日に10,000ドルで売却されたならば、価値上昇に相当する1,000ドルは、その年の所得たるべき株式Xの利得といえる。しかし第4項目のキャッシュ・インフローに含まれるのは10,000ドルである。なぜなら、その年の所得ではなく、その年の消費を算定することが目的だからである。ゆえに家計税申告書においては、キャピタル・ゲインが株式や債券の売却額に置換えられる。

金融資産を購入するための負債

　負債は明らかにキャッシュ・インフローであり，潜在的には，財やサービスに支出するための資金にも，**金融資産**を購入するための資金にもなりえる。その年の消費を厳密に計算するために，負債は，次節で消費者耐久財に関連して示されような重大な例外があるものの，通常はキャッシュ・インフローに含められなければならない。ゆえに（**消費者耐久財**のための**借入れ**を除く）借入れは第5項目に記される。同様に借入れの返済（元金および利子）は控除されなければならない。こうした（消費者耐久財のための借入れの返済を除く）返済は第11項目に記される。

　負債が除外される（そして借入れの返済が控除対象とならない）場合に何が起きるかを考えてみよう。家計が法人株式を購入するために20,000ドル負債したとき，それが第5項目から除外されるならば，実際の消費は変わらないにもかかわらず，算定される消費額は20,000ドル減少する。なぜなら株式購入のための20,000ドルは第10項目で控除されるからである。この年は過少に税を支払うことになる。これに対し，将来においては租税が過剰に支払われる。なぜなら返済は控除されず，それゆえに算定される消費は実際の消費を超過するからである。しかし累進税率を伴う場合，租税負担は「等しく」ならない（租税の現在価値は適正な総額と相違する）。もし借入れが完全に返済されなければ，租税負担が等しくならないことは明白である。

　しかし，仮に租税負担が「等しく」なるとしても，年間消費額算定におけるこうした誤りを許すべき合理的な理由は何もない。この誤りは，借入れを第5項目に含め，返済を第11項目で控除することによって簡単に回避できる。借入れと返済は，家計と貸出し機関の間に，明確な現金取引きを伴う。こうした現金取引きは，賃金や給与といった，納税申告書における他の項目と同じくらい明確に，検査し，証明することができる。それゆえ，こうした現金取引きは，年間消費額を厳密に算定するために利用されるべきである。

負債が所得であるか否かということは問題ではない。負債は所得ではない。問題は、それをキャッシュ・インフローに含めることが、家計消費額を厳密に算定するために必要であるかどうかということにある。同様に、借入れの返済（元金および利子）は消費に充てられないキャッシュ・アウトフローであり、それゆえ控除対象とすべきである。これに関してもまた、消費者耐久財に関する節で重要な例外を示す。

納税者は最初、借入れが家計税申告書に含まれることが理解できず、含めること抜きにやり過ごす誘惑に駆られることがあろう。USA税法案に示された1995年案は、全ての負債をキャッシュ・インフローから除外するというこの誘惑に負けてしまった。1995年解説書は、負債は総所得ではなく、USA税はキャッシュ・インフローを総所得に限定するべきであると明言している。しかし先に示したように、この決定そのものが計算された消費額を実際の消費額よりも小さくしてしまう原因となる。そこで、これを防ぐため、非常に複雑な方法が考案されている。「非免除負債」は**S表**（純貯蓄控除計算）の重要項目である。S表は1995年解説書に示されたもので、おそらく1995年法案の最も複雑な部分である。

しかしながら、この複雑極まりない方法が重大な間違いであり、取消されるべきであることは明白である。負債を算入し、返済を控除するという簡単な解決策が、現在、全ての個人消費税論者によって推奨されている。

Fisher and Fisher (1942) は、彼らが例示した納税申告書に、キャッシュ・インフローに「負債マイナス返済」を含めており（p.8）、また「他のいかなる所得課税制度も、借入れ元金を計算に含めていない」と述べている（p.10）。

同様に**Kaldor** (1955) は、「現金借入れ」をキャッシュ・インフローに含めている（p.192）。**ブループリント**（U.S. Treasury, 1984）には次のように述べられている（p.111）。

> キャッシュ・フロー会計においては通常、借入れの受取りは適格勘定を通じて処理される。納税者には、借入れによる収入を、最初の年に課税標準へ計上することが要求される（もちろん、もし彼が、適格勘定を通じて借入れた収入を投資資産の購入に充てるなら、結果として税は純額でゼロとなる）。そして続

いて行われる利子と元金の支払いは，次年度以降の課税標準から控除対象となる。

他の多くの論者とは対照的に，**ブループリント**は納税者に負債と返済を除外する選択肢を認めている。しかし Graetz (1980) は，金融資産に対するこの選択肢に落とし穴があることを，以下のように明らかにしている (p.183)。

> 従って，資産への投資や借入れをキャッシュ・フローとして扱うことは，収入を控除することよりも，公平で効率的である傾向にあり，普遍的な規則として採用されるべきである。
>
> 借入れを収入に含めることは，現行所得税における処理との決定的な差異であり，間違いなく，採用前に相当な納税者教育を必要とする。しかし借入れ収入によって賄った投資を控除し，相殺することは，移行を容易にする。借入れを過少申告する可能性は考えられるとしても，借入れのキャッシュ・フロー申告が新たな税務執行上の問題となるとは思われない。

Andrews (1974) は，*Harvard Law Review* に発表した論文の中で，次のように述べている (p.1153)。

> 事業のための借入れや投資のための借入れは，簡素なキャッシュ・フロー課税標準において，通常の投資と全く同様の扱いを受ける。借入れによる収入は，その年に受取った所得として申告され，利子と元金の返済は，それが支払われたとき，控除対象とされる。こうした処理はなじみのないものであるが，明らかな簡素化をもたらすものである。このことは，通常の投資にキャッシュ・フロー会計が望まれる理由でもある（後略）。
>
> 借入れ収入を所得に含めても，通常，借入れの年に多額の税を支払う必要は生じない。なぜなら，そのような借入れは普通，資本投資へ支払われるためのものであり，消費タイプの租税では，そうした借入れは即時控除が可能だからである。しかしながら，借入れと資本投資に対するキャッシュ・フロー会計においては次のことが明確にされている。すなわち，資本投資の控除は，納税者自身による純現金投資に限定される。

1984年11月，連邦財務省は *Tax Reform for Fairness, Simplicity, and Economic Growth* を公刊した。この報告書は，財務省Ⅰ（TreasuryⅠ）として知ら

れている。個人消費税（報告では「消費所得税」と呼ばれている）の章では，次のように述べられている（p.192）。

> 消費に課税するという原則は，消費所得税における借入れの扱いを決定する。負債の返済は貯蓄に等しいので，負債の返済と利子の支払いは控除することが認められる。同様に，負債の受取りは課税されるべき消費額に含まれる。借入れによる粗収入額が課税標準に含まれないならば，資金を借入れ，それを適格勘定に預入れ，増加した「貯蓄」を控除することによって，納税者は租税システム「ゲーム」をすることができる。資金借入れによる資産の購入は純貯蓄に加えられず，それゆえに消費所得税においては控除が認められない。納税者は借入れの返済と利子の支払いを控除することができないので，納税額の現在価値はその影響を受けないが，借入れを課税標準から漏らすことは，納税者に納税の延期をもたらせる。このことは政府が受取るタイミングを狂わせる。そしてまた不公平であるように思われる。

もし全ての負債が除外されるならば，当然，USA税は税の専門家に批判されるであろう。1995年解説書を受けて，**Warren** (1995) は，金融資産購入に充てるための負債を除外する結果として生じる問題点を指摘するため，いくつかの例を示した。彼は次のように結論している（p.1108）。

> USA税は，個人消費に対するキャッシュ・フロー課税の採用というよりはむしろ，個人に対する純貯蓄控除を提議している。これは**無制限貯蓄控除**と呼ばれる。前述の分析はひとまず，こうした提議に関して仮に以下に記したような結論を示している。
> 1．個人消費に対する標準的なキャッシュ・フロー課税を実施することは，遥かに簡素である。
> 2．負債額を課税標準に含める代わりに純貯蓄控除を採用することは，消費の日を超えた納税の延期を認めることである。

私は次のことを推奨する。すなわち，USA税設計者は，こうした個人消費税の専門家によるアドバイスに耳を傾け，原則として借入れをキャッシュ・インフローに含め（次に説明するように，消費者耐久財を除く），借入れの返済を非消費キャッシュ・アウトフローに含める（消費者耐久財を除く）べき

である。

消費者耐久財

　1,000ドルのテレビを購入した人は，その年に1,000ドルを消費するわけではない。理論上，耐久財に関するその年の家計消費は，それを所有したときではなく，賃借した場合に支払うべき賃料である。誰かが耐久財を賃借した場合には，実施上の問題は何も生じない。もしある個人がテレビを賃借するために年間200ドル支払ったならば，200ドルは自動的に課税される。なぜならば，その200ドルの賃料支出は控除対象ではないからである。問題はもちろん，実際には賃料支払いがないことにある。

　最も簡素な実施上の選択肢は「前納」である。すなわち，購入がなされた年に，その全額へ課税することである。これは単に，耐久財へのいかなる支出にも控除を認めないことによって実現される。実際には，購入がなされた年に過大な税額が支払われる。しかしそれに続く全ての年においては，過少に（税額ゼロ）支払われるのである。ゆえに全体では負担額は変わらない。**ブループリント**には次のように示されている（U. S. Treasury, 1984, p.109）。

　　　全ての消費価値を課税標準に含めるために適正な**消費者耐久財**の処置は，購入にあたって控除を認めないことである（後略）。言い換えれば，消費者耐久財の購入は，財やサービスの現在消費と同じ方法で扱われるということになる。この手法の根拠は，消費者耐久財に支払われた価格は，購入者が受けることを期待している将来サービスの現在価値を反映しているということにある。製品購入時点において耐久財の価値を課税標準に含めることは，実際のところ，将来において消費されるサービスの価値に課せられる税を前納することである。

　ここで次のことに留意しておく必要がある。耐久財の維持，修繕，改良のために家計が支払う経費は，控除対象とすべきではない。なぜなら，もし家計が所有ではなく賃借しているなら，これらの費用は賃料の変化に反映されるからである。それゆえに，これらの経費は消費のためのキャッシュ・アウ

トフローとみなすべきである。

　前納はほとんどの耐久財について許容することができるが，もし，長期にわたる消費の流れに合わせて課税も長期にわたり分散することが可能であれば，そのほうがより望ましい。何人かの論者が著しているように（後に引用する），もし家計が購入の資金とするために借入れをするならば，これは容易に実現できる。論者たちは，課税分散を実現するためには，耐久財に対する支出の控除を認められないものとしておく一方，納税者が（他の負債が第5項目でキャッシュ・インフローに含められるのとは対照的に）耐久財のための負債をキャッシュ・インフローから除外することが必要であると指摘している。そして彼らは，当然のこととして，その借入れの返済（元金および利子）は控除対象とすべきではなく，したがって，その家計による返済は（他の借入れ返済が第11項目で控除対象となるのとは対照的に）課税されるべきであると述べている。こうしたことから，消費者耐久財のための借入れは，納税申告書の第5項目から除外され，消費者耐久財のためになされた借入れの返済は，第11項目から除外されているのである。

　この措置は，借入れ相当額について，消費者耐久財に対する課税を分散させる。ゆえにこの措置は，各年における消費の流れに関する計算の精度を改善し，購入年における納税額を適正に軽減し，借入れが返済される期間にわたって課税を分散させる。この措置が年間家計消費額の測定精度を改善することから，私はこれを選択肢のひとつではなく，必須のものとすることを推奨する。

　例えば，20,000ドルの自動車ローンの助けを借りて，25,000ドルの自動車を購入する場合を想定する。25,000ドルの支出は非控除対象であるが，20,000ドルの借入れを除外することは，購入年には最終的に5,000ドルのみが課税されることを意味している。返済期間が5年，利子率が7％であるなら，借入れを行って購入した年にはキャッシュ・インフローから20,000ドルが除外されるが，年間借入れ返済額である（元金と利子）4,559ドルは非控除対象であり，ゆえにその結果として，各年において課税される[3]。

　耐久財の課税を長期間にわたって分散させることは望ましいことである。

なぜなら，耐久財の消費は長期間にわたるからである。これとは対照的に，非消費者耐久財の課税を分散させることは望ましくない。特定の耐久財に対する借入れだけが除外されるべきであり，非耐久財に対する借入れは算入されるべきである。なぜなら，実現可能な限り，消費が生じた年に租税が支払われるべきだからである。

　実施上の理由から，**クレジット・カード**の利用を通じてなされた，明示的ではない短期の負債についてはこれを無視し，それゆえ「返済」を非控除対象とすべきであるという点について，私は他の論者と意見を一つにしている。ある家計が，クレジット・カードについて1996年12月に2,000ドルの請求を受け，これを1997年1月に2,000ドルの小切手で支払ったと仮定しよう。厳密にいえば，この家計は，12月にクレジット・カード会社から2,000ドルの明示的ではない負債をし，12月に2,000ドルの消費をしたことになる。もしこれが通常の明示的な借入れであったなら，2,000ドルは1996年のキャッシュ・インフローに含まれ，それに対する税を1996年に支払わなければならない。1997年1月の返済は控除対象であり，当然ながら1997年には税は支払わない。研究者は，クレジット・カードによる非明示的な負債を無視することを推奨するが，非明示的な借入れの「返済」を非控除対象とするならば，この家計は1997年1月に租税を支払うことになる。

　その年の消費を算定するための計算において，借入れをどのように扱うのが適切であるかを決めるのは，その借入れの用途であるという点に留意する必要がある。金融資産（株や債券）の購入に充てた借入れがキャッシュ・インフローに含められ，返済が非消費キャッシュ・アウトフローから控除されることを思い起こして欲しい。これに対して，特定の消費者耐久財に充てるための借入れはキャッシュ・インフローから除外され，返済は，消費がなされる期間に応じて課税が分散されるように，非控除対象とされる。そして非消費者耐久財に充てるための借入れはキャッシュ・インフローに含められ，返済は控除対象とされる。なぜなら課税は，消費と同じく，購入の年に生じるからである。

　こうした区別を実現するために，借入れは，それが特定の消費者耐久財を

担保とし、その消費者耐久財の購入に使用されるのではない限り、キャッシュ・インフロー（納税申告書の第5項目）に含められるべきである。もし、検査によって申告されていない借入れが見つかったならば、その家計は、その借入れがある消費者耐久財を担保としたもので、その財を購入するために使用したことを示さなければならない。同様に、家計が借入れ返済を（納税申告書の第11項目で）控除する際には、その借入れが金融資産かまたは非消費者耐久財の購入に充てられたため、以前の納税申告書において実際にキャッシュ・インフローに含められたことを証明しなければならない。

　消費者耐久財に関して、複雑化の要因がさらに2つ挙げられる。第1に、**維持費用**と**資産税**は非控除対象とされなければならない。なぜなら耐久財が所有ではなく賃借されているならば、これらの支出はすでに賃料に反映されているはずだからである。そして第2に、耐久財が転売される場合、二重課税を避けるため、耐久財の転売収入は除外されなければならない。租税は、それが購入の年に前納されたか、または借入れの返済に際して生じる課税を通じて支払われたかにかかわらず、耐久財の全価値に対してすでに支払われているのである。もし賃料支払い額が、購入価格に維持費用の現在価値と資産税を加えたものから、期待される再販売価格の現在価値を差引いたものと等しいならば、理論上、家計は賃貸と所有に対して無差別な状態にあるはずである。つまり、潜在的な所有者は、この等式が成立するまで、競りによって購買価格を上下させるのである。その結果、所有者に税の適正な現在価値、すなわち賃貸人が支払う税額を支払わせるためには、購入価格、維持費用、資産税を非控除対象とし、転売収入はキャッシュ・インフローから除外すべきであるということになる。

　例えば、テレビを1,000ドルで購入し、5年後に300ドルで売却すると仮定しよう。既にテレビの1,000ドル全額に対して税が支払われているが、この個人は700ドルしか使用していないので、300ドルの転売収入に税を課せば二重課税となる。この個人はテレビに対して税を過大に支払っている。しかし彼は、他に300ドル分の消費を非課税で行う権利を得ているので、転売収入は通常、キャッシュ・インフローから除外される。実際に消費をしなかったため

に300ドルを除外すれば，300ドルに対する租税は払戻される。

同様に，この個人が300ドルでテレビを下取りに出し，新しいテレビの価格を300ドルだけ（例えば1,500ドルを1,200ドルへ）値下げしてもらうことを想定しよう。下取りによる非明示的な収入を無視することによって，私たちは正しい結果を得る。つまり，1,200ドルの消費が課税される。この個人は，結局のところ，新しいテレビに対して1,500ドルを消費し，消費されなかった300ドルに対する税の払戻しを受けることになるのである。

ブループリント（U. S. Treasury, 1984）には次のように述べられている（p.109）。「全ての消費価値を課税標準に含めることを確実にするためは，消費者耐久財は購入時には非控除対象とし，転売時には除外することが適正な扱いである」。耐久財が購入価格よりも高い価格で売却される場合，問題が生じる。何人かの研究者が指摘しているように，購入価格（「費用原価」）に等しい消費に対してのみすでに税が課せられているという主張から，キャピタル・ゲインをキャッシュ・インフローに含めるべきであるという要求には合理的な根拠があるように思われる。結果として，売却収入のうち購入価格に相当する額だけがキャッシュ・インフローより除外され，購入価格を上回る収入（キャピタル・ゲイン）はキャッシュ・インフローに算入されて，課税がなされる。耐久財の売却によって生じるキャピタル・ゲインへの課税を提案することによって，1995年法案は現行所得税を継ぐものとなっている。

消費者耐久財のこの取扱いは，持ち家に対しても適用することができる（**Seidman and Lewis** 1996a）。ある家計が165,000ドルで住居を購入する場合，その支出は非控除対象である。しかしもしこの家計が150,000ドルを返済期間30年，利子率7％の借入れ（**担保借り**）によって得るならば，この家計は借入れて購入した年に150,000ドルを除外するが，年間11,297ドルの借入れ返済（元金と利子）は非控除対象となり，それゆえ課税される。借入れによって資金が調達されない場合，150,000ドルに対して税が前納される。維持，修繕，改良のための経費は，全て非控除対象である。なぜならこれらの費用は，家計が所有ではなく賃借した場合には，賃料に反映されるからである。同じ理由から，資産税も非控除対象とされる。大規模な改装を借入れによって賄った

場合には，借入れが除外され，返済が非控除対象とされることから，課税が長期にわたって分散されることに留意しておく必要がある。

住居に固有の特徴を考慮することは重要である。転売価格は，しばしば購入価格と比べられるくらいに高い。このことは，住居所有者が，担保借入れによる課税の分散を図っても，転売前に過剰な税を支払っていることを意味している。そしてこの過剰に支払われた税の払戻しをするためには，転売収入を除外することが必要とされる。もし住居所有者が転売前に比較的少ない税額を支払っており，転売にあたって比較的少額の払戻しを受けるならば，その方が望ましい。

大雑把にではあるが，これを実現することができるひとつの方法は，借入れに対する支払いの一部を控除対象とする代わりに，住居が売却されて売り手が賃借人となる際に，名目キャピタル・ゲインに課税することである。この部分的な借入れ支払い控除は，転売前の過剰な納税を防ぎ，インフレーションを伴う経済における名目キャピタル・ゲインに対する課税は，払戻される税額を減少させる。それゆえに私達は，非常に大まかにではあるが，所有者が住居を売却し，賃借人となるときに名目キャピタル・ゲインに課税するという条件の下で，担保借入れ利子支払いに対する控除を利用し続ける正当性を持つのである。名目キャピタル・ゲインに課税するためには，維持や改良のための経費は非控除対象としなければならない。他方，売却によるキャピタル・ゲインを算定するために，住居の取得原価（basis）は現行所得税法の下で調整しておく必要がある。売り手が別の住居を購入する場合，課税は延期される。しかしキャピタル・ゲインである125,000ドルに対して現在行われている除外は撤廃され，全額課税されなければならない。1995年法案はこうした取扱いを規定している。

消費者耐久財と，それを購入するために使用され，それによって担保される借入れの取扱いに対して，さまざまな見解を示す何人かの論者の意見を参照することは有用であろう。**Graetz**（1980, p.197）は次のように著わしている。

私は，消費者耐久財への課税と住居への課税に同一の方法を推奨する。
・消費者耐久財と住居の購入には控除は認められるべきではない。帰属賃料の形での所得は無視されるべきであり，売却価額が取得費用を超過しないならば，売却に際しては，いかなる額も支出税の課税標準に加えられる必要はない。住居や消費者耐久財の売却価額が取得費用を超過するならば，その超過額は，それが受取られた時，支出税における受領額に加えられるべきである。
・消費財や住居を購入する為の借入れは，通常，支出税における受領額に含まれるべきではなく，利子や元本の返済の控除は認められるべきではない。この規則の実施にあたっては，限度額（a Dollar limitation）を設定することも考えられる。
・消費者耐久財や自己利用住居に対する財産税の控除は認められるべきではない。

Mieszkowski（1980, p.190）は消費者耐久財に関する節で次のように著わしている。

　消費者の借入れは，構図を特別複雑にする訳ではない。それは，同様な2つの方法のうちの1つを以って扱うことができる（後略）。消費者の借入れを扱う1つの方法は，借入れがなされた時に借入れによる収入を受領額に含め，そして利子と借入れの返済を，その期限が来た時に控除することである。これをまったく等しく代替する方法として，借入れからの収入と，その結果として生じる利子と返済を全て無視することができる。
　2番目の方法が住居の購入に適用される場合，不動産抵当借入れの期間と，住居から便益を得ることのできる期間が一致するならば，消費税の支払い税額は，不動産から得られる年間の便益に対する課税と等しい。もし50,000ドルの住居が不動産担保借入れによって購入される時，借入れによる収入が除外され，利子と返済が非控除対象とされるならば，利子と担保借入れ返済に対する消費税は，効率的に支払われることになる。

私はMieszkowskiの勧告を支持するが，私が彼の2番目の方法が必要であると考えるのは，課税が，消費に合わせて，長期に分散されるようにする為である。

　Andrews（1974, pp.1154-1155）は次のように著わしている。

しかしながら，消費者ローンや借入れを除外したままにしておくことは，より簡素であり，非常に受入れ易い。このことは，借入れによる収入の使用ではなく，消費者ローン口座への支払いを，課税消費支出として扱うという効果を持っている。消費者耐久財の購入資金を調達するために借入れをするケースでは，こうした扱いは，一般に，借入れによる収入をすぐに所得に含めるよりも，より厳密に現実の消費に合致する。

私が，特定の消費者耐久財を購入するために使われ，それによって担保される借入れだけに除外を限定していることに注意して欲しい。耐久財のみが，課税を長期に分散する手法に正当性を持つのである。

私の勧告は次のように要約される。(1) 全ての「非担保」借入れ（特定の消費者耐久財を購入するために使われ，それによって担保されているのではない借入れ）はキャッシュ・インフローに含まれるべきであり，「担保付き」借入れ（特定の消費者耐久財を購入するために使われ，それによって担保される借入れ）は除外されるべきである。(2) 全ての「非担保」借入れの返済（元本および利子）は控除対象とされ，「担保付き」借入れの返済は非控除対象とされるべきである。家計が借入れを除外するならば，その借入れが特定の耐久財を購入するために使われ，それによって担保されたことを証明する用意がなされなければならない。もし家計が借入れの返済に対する控除を請求するならば，その借入れが消費者耐久財によって担保されたのではないことが証言されなければならない。この規則は，借入れと耐久財の購入がUSA税制定の前になされたのか，後になされたのかにかかわらず用いられる。

1995年法案は，耐久財への支出を非控除対象としており，どのような目的のための借入れも全て除外している。そしてひとつの重要な例外，すなわち抵当付き住宅ローンへの利子支払いを除き，全ての借入れ返済を非控除対象としている。このように，1995年法案が財産税と住宅資産（home equity）ローンへの利子支払いの控除を廃止していることには注意しなければならない。法案はまた，125,000ドルのキャピタル・ゲイン除外を廃止している。そのため，住宅所有者が売却し，賃貸者となるならば，キャピタル・ゲインは全額が課税される。

ゆえに，私は，それ自身を担保とした借入れによって資金調達された消費者耐久財の，1995年法案における取扱いに同意する。しかしこれに対して，私は借入れの除外をこうした消費者耐久財の借入れのみに限定する。

最後に，売上税や付加価値税，フラット税のもとでは，消費者耐久財購入の負担は，長期に分散することができないことに注意して欲しい。そうした負担は，全て購入の年に負わされなければならない。全ての消費課税の中で，個人消費税だけが，借入れと返済のキャッシュ・フローの取扱いを通じ，そうした分散をすることができるのである。

贈与，遺贈，慈善寄付

他の独立した家計への「外的」な**贈与**や**遺贈**だけが問題を生じせしめるということを思い出して欲しい（**慈善寄付**はその定義上，外的である）。同じ家計内で生活する配偶者や子供への贈与や遺贈は，それが「内的」であるがゆえに，課税という結末には至らない。[4] まず初めは，贈与や遺贈は現金であると想定するが，後には，企業の株式や消費者耐久財，そして非消費者耐久財など，他の形態についても考察する。

個人消費税においては，家計は自身が消費するために経済のパイから実際に引出す資源に応じて課税されなければならないのであって，他の家計が消費するために，あるいは企業へ投資するために残される資源は課税されるべきではない。贈与者たる家計は，現金を贈与，遺贈，慈善寄付する際，資源を消費しない。それゆえに贈与，遺贈，慈善寄付は課税からの控除対象とされるべきであり，ちょうど貯蓄と同じように，非消費キャッシュ・アウトフローである。受贈者たる家計がそれを貯蓄するならば，受贈者は課税されるべきではない。もし受贈者がそれを消費するならば，その時点でそれは課税されなければならない。

Graetz（1980, p.201）は「支出（消費）税は消費に累進税を賦課するものであり，贈与や遺贈の総額を消費するのは贈与者ではなく受贈者である。そ

れゆえ，批評者の多くは，贈与や遺贈が贈与者の課税標準から除外され，それらの総額が受贈者の受取り額に含まれることに賛同する傾向にある」と述べている。

Domenici（1994, pp.302-303）は同様の立場を採っている。

> 遺贈は本当に消費と考えるべきであろうか。公平性と効率性上の理由から，私たちはそう考えるべきではないと結論する。遺贈は消費ではない。なぜなら，遺贈は財やサービスとの交換ではないからである。実際のところ，それはほとんど消費の対極にある。相続は単に所有権の移転に過ぎず，課税すべき事象ではない。相続資産は，相続人によって財やサービスのために費やされたとき，消費となる（後略）。
>
> 相続資産を，贈与者の消費ではなく，受領者の通常の所得とみなすことによって，Nunn-Domenici案は，全ての贈与者と受贈者の貯蓄インセンティブを維持している。贈与者は，支出しなかった金銭に対しては，決して税を支払わない。そのため，彼らは自分が死ぬ前に貯蓄を消費に充てようとする追加的なインセンティブを持たず，ゆえに，他の者が利用可能な資本を形成することの方を選好するだろう。受領者も同様に論じられる。すなわち，彼らは消費をして税を支払うか，貯蓄をして税を避けるかという，通常の選択を前にするのである。

私はこれに同意する。私はさらに踏み込んで，**遺贈税**と**贈与税**の廃止を勧告する。なぜならば，こうした富の移転は，いかなる現実消費をも意味しないからである（**McCaffery**, 1994a, 1994b, 1995）。税収の損失は裕福な者に適用される消費税率の引上げで代替されるべきであろう。この観点からすれば，寄付はいかなる税によっても課税されるべきではない。なぜならば，寄付は現実消費ではないからである。[5]

これに対して，**個人消費・贈与・遺贈税**（a personal consumption/gift/bequest tax：CGB税）においては，贈与者は現金の贈与や遺贈（そしておそらくは慈善寄付）について課税される。CGB税の提唱者は，同じ消費能力を持つ2人の個人は，それぞれどれだけ現在消費するかに関わらず，同様に課税されなければならないと信じているのである。[6]

Domenichiが論じているように，消費税の提唱者は，人は自分の享楽のために経済のパイから現実に引出したものについてのみ課税されるべきであり，

また蓄積した富を消費してしまうのではなく，それらを維持するインセンティブを与えることが望ましいと信じている。収入が消費に充てられない限り，税を永遠に避けることができるのであれば，労働や貯蓄へのインセンティブはより強くなる，ということに留意しておくべきであろう。

消費税はCGB税よりも実施が明らかに簡単である。CGB税は，遺贈税や贈与税が直面するのと同様，複雑性という問題に悩まされる。**Aaron and Galper**（1985）はCGB税（彼らはキャッシュ・フロー所得税とよんでいる）の提唱者であるが，贈与や遺贈，信託の扱い方に関する詳細な実施案に数ページを費やしている。例えば，彼らは次のように書いている（pp.96-97）。

> 遺贈は，現行遺産税が直面しているのと同じ問題を引起こす。それはすなわち，直ちに利用することのできる市場価格がないときに資産をどう評価するか，そして資産が非流動的であるとき，支払い期日の延期をどのように取決めるか，ということである。現行法は実施可能なように作られているが，こうした問題を扱う措置に関してはあまりに寛大に過ぎる。そうした措置は存続させねばならないが，引締める必要がある。先に述べたように，遺産には平均化措置が認められなければならない。そうでなければ，納税者はより高いブラケットに押上げられてしまう。
>
> 最も重大な問題は，遺贈税や贈与税を回避するために現在用いられているテクニックが，キャッシュ・フロー税システムへも転用されてしまう点である（後略）。
>
> こうした方法やこれに類する方法による租税回避の機会は，キャッシュフロー所得税の下では厳しく抑制されなければならない。法の変更には，容易に実施可能なケースもあれば，きわめて困難なケースもあろう（後略）。

こうした実施上の困難と遺贈税を設計する上での全ての努力は，CGB税に代えて消費税を選択し，遺贈税と贈与税を廃止することで解消するであろう。

消費税の下でもCGB税の下でも，現金の相続資産は受贈者によって計上されなければならない。これは興味深い結果をもたらす。贈与者が10,000ドルを贈与し，受贈者がそれを消費すると仮定しよう。消費税の下では，受贈者のみが10,000ドルに課税される。これに対し，CGB税の下では，贈与者は10,000ドルの贈与に対して課税され，受贈者もまた10,000ドルの消費に対して課税

ここで，消費税の下における株式（または社債）の贈与について考えてみよう。贈与者が株式を贈与し，受贈者がそれをその年内は保有すると仮定しよう。通常，消費は現金によって賄われるため，贈与者にしろ，受贈者にしろ，家計消費額の計算はキャッシュ・フローを追うことによって行われることを思い起こして欲しい。株式の移転は，受贈者のキャッシュ・インフローでもなければ，贈与者の非消費キャッシュ・アウトフローでもない。それゆえ，個人消費税の下では，贈与者にも受贈者にも，この年には課税が生じない。しかしもし相続人が株式を10,000ドルで売却し，それを消費したならば，その時点で相続人は10,000ドルの消費に対する税を支払わなければならない。もし贈与者が，個人消費税の制定後に株式を購入したのであれば，贈与者はすでに貯蓄控除を受けているのである。[7]

次に，消費者耐久財の贈与について考えてみよう。贈与者が使用中の自動車（数年前に購入したもの）を息子か娘に大学卒業プレゼントとして贈与すると仮定しよう。贈与者はすでに租税を全額前払いしている。理想的には，贈与者は租税の払戻しを受け，受贈者は払戻しと同額の租税を支払うべきであろう。しかしここで，払戻しはいくらであるべきかという問題が生じる。現実には，明確な答えをもたらすような現金取引きは存在しない。車が新車で，負債によって購入されたのならば，問題は更に複雑なものとなる。最後に，かなり以前に購入されたピアノについて考えてみよう。そのピアノの価値はいったいどれくらいであろうか。私たちは，実施上の理由から，贈与者の控除（租税の払戻し）を否認し，受贈者がいかなる耐久財の贈与をも無視することを承認することを推奨する。つまり実現上の理由から，理想を犠牲とするのである。これによれば，ある耐久財が実際には贈与され，受贈者が税を支払うことなくそれを消費しているにも関わらず，贈与者はその耐久財への税を全額負担し続けることになる。

こうした耐久財の扱いは，贈与者に，新規に購入した耐久財を贈与することよりも，現金を贈与するインセンティブを与える。なぜならば，通常，贈与者は受贈者よりも高い税率ブラケットに位置しているからである。ゆえに

親は，大学卒業にあたって自動車を購入しそれを贈与するよりも，自動車を購入するために現金を与えることの方に，インセンティブを持つことになる。そのような場合，現金を受取った受贈者は，その額を納税申告書の第6項目に加算することで税を支払うことになり，他方で贈与者は，その額を非消費キャッシュ・アウトフローとして第12項目に含めることで課税を免れることになる。

　一部の批判者は，結果として生じる税の縮小を問題であるとみなしているが，私はこれに同意しない。目的は，それぞれの家計に，その消費額に応じて累進的な税を課すことにある。もし大学卒業生が1つの家計を成し，親は別の家計であるとするならば，その時はそれぞれの家計にその消費額に応じた税率を適用しなければならない。実際には，自動車を消費するのは大学卒業生であって親ではない。それゆえ，卒業生の家計に適用される場合においてこそ，その税は適切であるといえよう。親と同居する高校生は自分自身の家計を持たないので，自動車のために現金を受取ったとしても，あるいは自動車そのものを受取ったとしても，それは「外的」な贈与とはならないことに留意しておかなければならない。

　もちろん，現金を含む全ての贈与と遺贈を無視してしまうことの方がより簡素である。その場合，贈与者は贈与した現金に対する控除を受けない。そして受贈者は，キャッシュ・インフローが増加するにもかかわらず，いかなる現金贈与および現金遺贈の受取りも無視する。これは現行所得税における贈与と遺贈の取扱いである。そして1995年USA税法案もまた同様である。しかし，贈与と遺贈の単純な無視には，裕福な相続人の消費をかなり過少に捉えてしまうという危険性があり，それは税の公平性を侵食するものである。贈与や遺贈を除外することは，多額の相続資産の受取りに対し，相続人が多額の貯蓄控除を獲得することを認めることに他ならないのである。

　これらのことから，現金贈与は消費概念に含めるが（贈与者控除，受贈者算入），消費者耐久財の贈与は含めない（贈与者非控除，受贈者不算入）とすることが，目的に適った妥協であるということができよう。株式や社債の移

転については，そのこと自体は，贈与者の税額に対しても受贈者の税額に対しても，直接的な関わりを持たない。

　最後に，**慈善寄付**について検討しよう。ここでは2つの目的を区別する必要がある。すなわち，贈与者の消費額を正確に算定することと，慈善寄付行為へインセンティブを与えることである。贈与者の消費額を正確に算定するためには，その取扱いは，独立した他の家計へ贈与するケースと同様にすべきである。すなわち，現金による寄付は，第12項目を通じて控除されなければならない。なぜなら，それは非消費キャッシュ・アウトフローであるから，つまり，贈与者はこの現金使用を通じて自らの楽しみのための資源引出しを行ったのではないからである。他方，株式や社債の贈与は，非消費キャッシュ・アウトフローではないので控除対象とすべきではない。そして前述のように，消費者耐久財（あるいはそれ以外の財）の贈与については，実施上の理由からその価値を控除対象とすべきではない。1995年法案では，慈善寄付の控除が認められている。

　もう一方の目的である**インセンティブ効果**についてはどうであろうか。個人消費税の下においては全ての貯蓄が控除対象であるので，慈善寄付の控除は，所得税の下におけるようには誘引効果を持たない。もし追加的なインセンティブを与えることが望ましいと判断されるのであれば，それは慈善寄付に対する税額控除で実現することができよう。税額控除は家計の消費を算定することから，そしてその消費に基づく課税標準から独立している。それゆえ，控除することと同時に，家計消費額を正確に算定することが要求されているのである。1995年法案では，慈善寄付に対する税額控除は認められていない。

州債および地方債利子

　州債や**地方債の利子**が，正確な家計消費額の算定にあたって，他のキャッシュ・インフローに加算されなければならないキャッシュ・インフローであることに議論の余地はない。これらの公債利子を算定から除外することは，

一部の裕福な家計の消費額算定に重大な誤りをもたらす。このことから，何が正しい取扱いかは明白である。すなわち，州債および地方債の利子はキャッシュ・インフローに含められなければならないのである。個人消費税の下における論点は，個別の所得項目に課税するかどうかにではなく，単純に，正確な算定のためには何を家計消費に含めることが必要かということにあることを今一度思い返して欲しい。私はこのことから，個人消費税について論じるときには，「免除」ではなく「除外」，すなわち消費の消費からの除外，という用語を使用している。

　3つの政治的圧力が算定から債券利子を除外する企てをなすであろうことには疑う余地がない。それはすなわち，州および地方政府，有価証券を一般に対して売買する企業，そして債券の保有者である。州および地方政府は，彼らが連邦の支援を必要としており，またそれが価値あることであり，除外はそれを実現する良い手段であることを主張するであろう。除外は，彼らがより低い利子率で借入れをすることを可能にする。また有価証券を売買する企業は，彼らの潜在的な顧客に，利子除外の債券を購入することによって租税回避が可能になる仕掛けを印象付けようとするであろう。そして最後に，州債および地方債の現在の保有者は，当然，算入することに反対する。

　残念ながら，除外はアメリカ合衆国税制の公平性を損なう。それは，消費が大きい家計は多くの税を支払うという約束を侵食してしまうのである。もしほんのいくつかの家計が有利になるだけであるならば，その害悪はまだ許容範囲内である。しかしながら実際には，最も裕福な家計層の多くが，これらの債券を保有することになるであろう。

　それゆえ，州および地方政府を支援するためには（そうした支援の妥当性が認められるのであれば），別な方法が考えられなければならない。それは難しいことではない。連邦政府が，州および地方政府に利子費用の一定割合を補償すればよいのである。例えば，もし算入することが，州債および地方債の利子を4％から5％に引上げる原因になるならば，連邦政府は州および地方政府に利子費用の20％を支払えばよい。もちろん，一部の人々は，いかなる支援も妥当性があるという点に懐疑的である。しかしもしその妥当性が認

められるならば,個人消費税の公平性が損なわれないよう,支援はこの方法によって行われるべきである。

除外が消費税にもたらすのと同様の害悪が,免除によって所得税にもたらされる。免除に対する説得力ある批判が,シカゴ大学の **Henry Simons** (1938, pp.170-173) が著した古典的研究書 *Personal Income Taxation* の免除に関する章に展開されている。

> 種類ごとの収入の免除は,いかなるものであれ所得課税の基本原理に反する(前略)。しかしながら,こうした遺漏による誤りの中で最も悪く,最も許容しがたいものが,公共団体の(中略)利子の免除である。(前略)なぜなら,利子の免除をしているいかなる政府も,公平に個人課税を賦課する義務に違背しているからである(後略)。
>
> 非常に大きな額である政府債務の利子支払いを免除することは(中略),非常に重要な瑕疵である。それは大規模な回避を計画する道を開くものであり,重大な不公平といくつかの不経済をもたらすような回避の手段を提供するものである(後略)。それは事業を積極的に管理し経営している者にとって利用しやすいものではない。そのような者は,自分の企業の管理計画を犠牲にすることなしに,投資を多角化することはできないのである。実際には,こうした回避の手段は,怠惰かつ消極的で,非常に現状維持的な投資を行う保有者にとってのみ魅力的である。このように,免除は累進的個人課税制度を蝕むだけでなく,経済において不労所得生活者の役割しか担っていない人々に特恵を与えるような重大な差別をももたらすのである。

近年の最高裁判所判決は,公債利子を算入することの合憲性を明らかにしているように思われる。**Fisher** は *State and Local Public Finance* に次のように書いている (1996, p.246)。

> 州・地方債利子の連邦税免除は,1913年に制定された最初の連邦所得税条例にまでさかのぼる。何年もの間,一部の者によって,連邦政府は州および地方政府の有価証券からの所得に税を課す憲法上の権限を有していないと主張されてきた(後略)。(しかし) 1988年判決 (South Carolina v. Baker) において,最高裁判所は,連邦政府が州・地方債利子に課税する権限を持つことを裁決した。

実のところ経済学者は，州および地方債利子の課税免除を非難することで一致している。ここにその例がある。**Fisher** (1996, pp.255, 262) は次のように著している。

> もし州・地方政府債務利子を課税免除する目的が政府借入れ費用に補助金を与えることにあるならば，州・地方政府が1ドルの利子費用を節約するために連邦政府は1ドル以上の税収を損失するという意味で，課税免除は非効率的な補助金ということができよう（後略）。
>
> 州・地方債の利子課税免除は問題を生じることから，かねてより経済学者は，もし州・地方債の費用を軽減することが望まれるのであるなら，州・地方政府は，連邦政府による直接的な補助金を得た上で課税対象公債を発行すべきであると長い間主張してきた。例えば，州または地方政府が，課税免除公債であれば6％の利子支払いで済むときに，8％の利子率で課税対象公債を発行するような場合，連邦は州または地方政府の利子費用の25％に相当する補助金を給付することで，課税免除と同等の借入れ費用軽減をもたらすことができる。この方法の最も重要な利点は，課税免除の場合には州・地方政府が1ドルを節約するために連邦が1ドル以上の費用を負担しなければならないのと異なり，連邦が負担する費用は1ドルで済むということにある。言い換えるなら，こうした直接的な支払いは，連邦政府が州・地方の借入れ費用を補助するための，より効率的な方法なのである。

Musgrave and Musgrave は，彼らの財政学テキストに次のように書いている (1989, p.562)。

> 連邦租税政策は，州および地方債からの利子を連邦所得税の課税所得から除外することによって，州および地方の借入れを全般的に支援している（後略）。
> しかしこうした形式の助成は，2つの理由から非難の対象とされる。第1に，それは所得税体系の公平性を侵害する。課税が免除される利子を得ている高額所得者は，他の源泉から同額の所得を得ている者よりも支払う税額が小さい。そして次に，課税免除の価値は税率ブラケットの上昇と共に大きくなるので，垂直的公平をも侵害する。もっぱらこうした理由により，このような助成を与えるためには，課税上の優遇を伴わない方法が望ましいとされるのである。

Rosen は彼の財政学テキストに次のように書いている (1995, pp.365-366)。

州および地方自治体によって発行される公債の利子を個人が得る場合，それは連邦による課税の対象とならない。「ヘイグ・サイモンズの所得課税概念」からすれば，こうした除外はつじつまが合っているとはいえない。こうした公債からの利子は，他の全ての形態の所得とまったく同等の潜在消費能力増加を意味しているからである。こうした除外はもともと，あるレベルの政府が他のレベルの政府が発行した債券に課税することは違憲であるという観点から生じたものである。しかしながら，多くの憲法学者は今や，そうした課税は許容されると考えている（後略）。

要するに，所得税における免除や個人消費税における除外に関しては，絶対的に目的に適うケースはないのである。所得に対する家計税についても，消費に対する家計税についても，公平性が受ける侵害を誇張してはならない。それは，所得額が大きい者，あるいは消費額が大きい者は多くの税を支払うべきであるという要求を損ねているからである。家計税の公平性を保護することはやめるべきである。

現時点で債券を保有する者は，何らかの庇護を受けるべきであろうか。**Graetz**は受けるべきではないと主張している（1980, p.264）。なぜならば，市場と法律の変化が予期しない損失や利得を継続的にもたらすような混合経済にあって，このグループのみを選抜くことは公平ではないと考えられるからである。彼は次のように書いている。

> 法律の改変によって受けた損失の補償（またはその他の保護。例えば新規則の対象となる事実を適用から除外するなど）を強く主張する人々は，エドセルやフラフープに投資した人へ【訳者注：エドセルはフォード社の自動車。フラフープは遊具。ここでは共に，企業や株主に大損失をもたらせた例として挙げられている】同様の庇護を与えることが提唱されたとしても驚かないのであろうか。このような政策変更からの保護が正当化される政策措置と市場の違いが一体どこにあるというのか。市場が頻繁に政治的決定の影響を受けるような混合経済においては，これを正当化することは非常に困難である。

Graetzの主張が説得力に富んでいるにもかかわらず，USA税の提唱者たちは，法律制定実現に対する充分な支援を確保しなければならないという政

治的な問題に直面している。それゆえ，何らかの保護を提供するという打算が賢明である。しかし，それは家計消費額の算定を歪めることによってなされてはならない。消費額を正確に算定するためには，債権からの利子は，納税申告書の第2項目にその全額が含まれなくてはならないのである。その代わりに，「**移行前取得資産控除（第18項目）**」を通じて保護を提供することが可能である。これについては後に説明する。

残念なことに，1995年のUSA税法案は，州および**地方債の利子**を単純に除外している。1995年解説書には何の理由も示されていない。1995年法案の設計者はしかし，納税者の公債利子除外の利用を貯蓄取崩しを減額することのみに認め，正の貯蓄の控除を獲得できないようにしている。提唱者たちがこれを実現するために用意した公債利子の除外措置は，おそらく1995年法案の中で最も複雑な項目である。これが1995年解説書に示されたS表（純貯蓄控除計算法）である。

1995年法案立案者の政治的判断は尊敬に値するが，私の考えでは，彼らは除外することの政治的費用を過小評価しすぎている。政治的費用には2つの源泉が考えられる。第1に，1995年法案は，除外を利用することによって正の貯蓄の控除を獲得することができないようにするために，複雑な条項を加えざるを得なくなっている。しかし正にそうした複雑さこそが，USA税の批判者が指摘するところなのである。

そして第2に，これは最も重要なことであるが，除外は公正さからくる政治的な強さを侵害する。提唱者は，USA税は多くの消費を享受する家計が多くの税を支払うゆえに公正なのであると主張している。しかし公債利子の除外は，それによって多額の消費を賄う家計が，税をほんの少ししか支払わないか，あるいはまったく支払わないということを意味しているのである。このことが抜本的な税制改革を目指す提案に与える政治的なダメージは，いくら強調しても過剰になりすぎるということはないだろう。

高等教育および職業訓練の授業料

　経済研究は，**人的資本**への投資（教育および訓練）が国民経済の生産性を高めるという考えを示している。それゆえに，物的資本への投資に控除を認めても，人的資本への投資には認めなければ，それにはあまり意味がない。

　USA 税とフラット税の重要な違いのひとつは，USA 税は全ての家計に高い教育控除を与えているが，フラット税にはそれがないということにある。フラット税は企業には投資控除を与えているが，家計には貯蓄や投資に対する控除を認めていない。このことは，家計に対するフラット税の納税申告書がハガキサイズよりも大きくならないということの一助となっている。控除対象となる企業の支出は人的資本投資の一部ではあるが，人的資本投資の大部分は家計によってなされている。それゆえ，家計の控除は望ましいといえよう。

　大学の**授業料**への支出は，2つの要素から構成されている。それは第1に投資である。大学生であった者は後に多額の報酬を得るようになるので，この投資支出は将来に課税対象となるキャッシュ・インフローをもたらす。この要素は，株式や債権に対する投資と同様に扱われるべきであろう。すなわち，この支出額は控除対象とされなければならないのである。こうした措置の下では，この投資を賄うために5,000ドルの借入れがなされたならば，キャッシュ・インフローに5,000ドルが加えられるが，それは5,000ドルの人的資本投資控除によって相殺されるので，結果として課税は生じないことになる。

　第2の要素は，教育がなされる際の消費，すなわち，その時点であらゆる側面に見られる大学生活の享受である。この支出額は非控除対象でなくてはならない。よって部屋や食事は非控除消費となる。借入れによって賄われる大学での消費は，借入れによって賄われている他の非控除消費と同じように，それが生じた年に課税される。借入れはキャッシュ・インフローに加えられるが，それを相殺するような控除はなされない。

もちろん，それぞれの要素が大学教育費用全体に占める割合を算定する明確な物差しは存在しない。しかし平均的な大学生についてその割合を見積もり，それを全ての大学生に適用することは可能である。例えば，投資が50％，消費が50％の割合であると見積もられたと仮定しよう。その場合，いかなる大学生についても大学授業料の50％が控除対象とされる。職業訓練学校，技術教育学校，大学院の学生は消費よりも投資をより多くすると考えられるので，これらの学生にはより高い率の控除がなされるよう議論されるべきかもしれない。

　授業料を単純に非控除対象と決めることで，割合をめぐる論争を回避できるという主張が時としてなされている。しかしこの主張は正しいものではない。非控除対象とすることは，投資を０％，消費を100％とする組合わせを選択することを意味しており，これはむしろより論議の種となる。なぜならば，その選択はあまりにも明らかに間違っているからである。投資の割合を可能な限り正確に見積もり，その割合を控除対象とすることの方が望ましい。

　1995年法案は，１人あたり2,000ドルで，１家計あたり8,000ドルを上限とする授業料支出控除を認めている。これは正しい方向への優れた一歩ではあるが，歩の進みはまだ十分ではない。2,000ドルは，平均的な大学授業料の投資部分に比べ，あまりに少なすぎるのである。投資部分を控え目に見積もっても，1996年時点においては5,000ドルを上限として，授業料の50％を控除することが妥当であろう。[9]

年金，社会保障，保険，医療

　家計消費額を正確に算定するためには，次の現金給付を完全にキャッシュ・インフローに含めなければならない。それはすなわち，年金，社会保障，失業保険，そして**生命保険**である。これらは個人消費税申告書の第７項目に記される。もしこれらの給付が貯蓄されるのであれば，これに対応する非消費キャッシュ・アウトフローが記される。累進的な税率表を用いるならば，こ

れらの給付を含めたとしても，消費額が小さい受領者はほんの少ししか，あるいはまったく税を支払わないですむ。1995年法案は社会保障給付の85％を含めている。現行所得税のもとでは，裕福な退職者についてのみ，社会保障給付の一部が含められている。もし社会保障給付に関して当面の救済措置が政治的に必要とされるのであれば，それは家計消費額の正確な算定を歪めることではなく，後述する「移行前取得資産控除」（第18項目）によってなされるべきである。

1995年法案は，年金の雇用主負担金を家計のキャッシュ・インフローから除外している。これは，雇用主負担金を家計キャッシュ・インフローに含めると同時に同額の貯蓄控除を認めることに等しいが，より簡素である。現行所得税とは対照的に，生命保険および**健康保険**の雇用主負担金は，家計のキャッシュ・インフローに含められる。それらは雇用主から被用者に現金が支払われ，被用者が保険を購入することにその現金を使ったものとみなされるのである。しかしながら1995年法案には，生命保険と健康保険の取扱いにある大きな違いがある。

雇用主と被用者の両者による生命保険の購入は，貯蓄と同様に扱われる。すなわち，購入は控除対象とされるが，生命保険からの給付は受領者のキャッシュ・インフローに含められるのである。受領者が当面は給付を貯蓄に回すならば，それと同額の控除がなされるため，受領者は当面，税を支払わない。受領者は，給付を消費に充てたときにのみ，税を支払うのである。ここで，所得税においては多額の一括払いに対する平均化措置が必要とされるのに対し，消費税においてはそれが不必要であるということに留意しておく必要があろう。

これとは対照的に，雇用主と被用者による健康保険の購入は控除対象とされず，そのための支出は消費とみなされる。その代わり，健康保険者（民間企業または政府）が家計のために行う医療提供者への支払いは除外される。この取扱いは実際的であり，また正当である。これによって，保険者が病院や医者へ支払う医療費が消費として課税されることは避けられる。

1995年法案は家計が直接支払う全ての医療費に課税をする。なぜならばそ

れは貯蓄ではないからである。しかし適切な判断基準は，支払いが消費を構成するものであるかどうかという点にある。一方では，資源が私的使用に引出されたといえる。しかし他方では，医療の消費は娯楽の消費とは異なると考えられる。ほとんどの財・サービスにおいて，「不効用回避」のための支出と，「正の効用」を獲得するための支出を区別することは不可能である。しかしながら，高額医療費支出については，それを試みるべきであろう。現行所得税は，家計が直接支払う高額医療費支出のうち，調整総所得の一定割合を超えるものに対しては控除を認めている。私の考えでは，高額医療費支出については，USA税のもとでも同様の控除が認められるべきである。[10]

企業によって資金が賄われる消費

　一般に，家計の全ての，あるいはほとんどの消費は，その資金が家計自身によって賄われるが，被用者や顧客が行う消費の中には，企業によってその資金が賄われているものもある。企業は，被用者のために自動車を購入したり，娯楽や休暇の支払いをする。顧客には，夕食や興行のチケットを提供する。USA税が完全であり，公正であるためには，消費は，それがどのように賄われたものであっても，全て課税の対象とされなければならないことは明白である。

　これには2つの方法が考えられる。それは第1に，支出を個人に帰属させ，USA家計税申告書に含めることである。この場合，個人がこの支出に対する税を支払う。第2に，USA事業税申告書において，企業によるその支出の控除を認めないことである。その場合は，企業がこの支出に対する税を支払うことになる。

　帰属方式の下では，企業が資金提供する消費は，実際に消費する個人に帰属させられる。企業がA氏の消費のためにXドルを費やしたのであれば，A氏は自分の納税申告書においてXドルをキャッシュ・インフローに加算しなければならない。この方法の利点は，Xドルへの税が，A氏に対し適切な形

で適用されるということにある。

　帰属方式には問題がある。それは正確に，そして公正に帰属させることが容易ではないということである。企業は，複数の被用者かあるいは複数の顧客が共同で行う消費を賄うために，Yドルを費やすということがあるかもしれない。各々の被用者あるいは顧客が同じ割合で消費をすると単純に想定することも考えられるが，それは不正確であり，公正さを欠く。例えば，被用者が無料で使用できる娯楽施設を，ある被用者が繰返して使用し，他の者は全く使用しないということもあり得る。そのうえ，企業が資金提供する消費においては，被用者や顧客に与えられる選択の幅は，自分で資金を賄う消費に比べ小さいものとなる。被用者や顧客は，自分自身であったならその支出をすることは決してなかったと主張することであろう。

　この方式の代替案となるのが，USA事業税申告書における企業による支出控除の否認である。通常，企業は，他の企業からの購入を控除できる。しかしながら，被用者や顧客の消費への資金提供にあたるような購入は，それが個人に帰属させられ，家計税申告を通じて税が支払われるのでない限り，控除対象とはされない。

　1995年法案は，原則としてこの方法に従っている。すなわち，可能であるならば個人への帰属を行い，そうでなければ企業において非控除対象としているのである。

「移行前からの」資産

　「移行前からの」資産の取扱いは可能な限り簡素に保たれなければならないとする考えは，過度に強調されてはならない。しかしながら改革に異論を唱える人々が，提案されたいくつかの複雑な取扱い，とりわけ1995年法案に含まれる取扱いに対して加えている批判は，全く正当なものである。ここでのねらいは，満足できる程度の公正さを達成しつつも，取扱いを比較的簡素に保つ方策を探ることにある。

所得税から何らかの消費税，すなわち売上税，付加価値税，フラット税，そして USA 税などへの移行は，二重課税の問題をもたらす。所得税を支払った上で資産を蓄積している人々は，第2の税を支払うことなしにその資産を消費することを楽しみにしている。そこに突如として，貯蓄を促進するという崇高な目的のもと，移行が起こる。その時，人々が次のように主張するのは時として正当であろう。「私が『移行前からの』（以前に獲得した）資産を消費する時に課税するのは公正ではない。私は二重に課税されることになる」。

　二重課税問題は過渡期の問題である。もし人々が，全ての人生を所得税のもとで生きるのであれば，彼らは労働報酬と資産所得に課税を受けるが，蓄積した資産を消費する時に消費税が課せられることはない。もし人々が，全ての人生を消費税のもとで生きるのであれば，彼らの貯蓄は控除対象となるが，蓄積した資産を消費するとき，それは課税対象となる。どちらのケースにおいても，課税は1度だけである。しかし所得税から消費税への移行につかまってしまった人々は，2度支払わなければならない。

　時として，USA 税だけが二重課税問題に直面するという誤った考えがなされることがある。しかしそれとは逆に，実際には全ての消費税がこの問題に直面する。USA 税は，この問題に対処することを試みる唯一の消費税であるといえる。売上税，付加価値税，フラット税の提唱者は，一般に，この問題を無視しているのである。移行前からの資産を消費しようとしている者が，レジスターの前で突如，売上税や付加価値税，あるいはフラット税のために20％引上げられた価格に直面したところを想像してみよう。2度目の課税がレジスターでなされたのか，それとも4月15日になされたのかは問題ではない。それは明らかに二重課税なのである。今のところ，USA 税だけがこの問題を減じる措置を持っている。

　幸運なことに，この問題は見た目ほど深刻ではない。各家計が持つ移行前からの資産の大部分は，これまでには1度も課税されていないが，所得税が維持されるなら，この先，課税を受けるはずのものである。年金基金の大部分は，いかなる所得税をも支払うことなしに積み立てられている。雇用主の負担金は非課税であり，獲得される利子も非課税である。所得税が維持され

るなら，年金給付が支払われた時に1度目の課税が生じることになる。つまり，消費税のもとで行われる年金基金の引出しへの課税は，所得税のもとで行われることと何ら変わるところがない。二重課税などはまったく生じないのである。年金基金資産は，多くの家計にとって，重要な金融資産である。

次に，高価な消費者耐久財を持つ人々が移行に直面したときのことを考えてみよう。もし耐久財の購入資金が主に借入れによって賄われているのであれば，この資金源は所得税のもとでは課税されていない。借入れは課税所得ではないからである。消費税のもとで控除対象から外すことを通じて借入れの返済に税を課すことは，この消費に1度だけ課税することを意味する。2度ではない。借入れの返済に関する規則を思い返してみよう。借入れの返済は，その借入れが過去の納税申告書においてキャッシュ・インフローに含められている場合にのみ，控除対象となる。改革以前の借入れは含められていないので，それらは控除対象とはならない。

もし耐久財が借金することなしに購入されたのであれば，その資金源は通常，所得税によって課税されている。しかしながら，消費サービスのフローは課税されないままである。所得税によっても，あるいは消費税によっても，こうしたフローに課税することは，ほとんどの耐久財において不可能である。それゆえ，こうした耐久財は二重課税から逃れる。このように，「移行前からの」耐久財は，どのように資金が賄われたかに関係なく，一般に二重課税から逃れるのである。

今度は，数年前に今日の水準よりも低いと思われる価格で株式を購入した人々のことについて考察してみよう。株式は通常，所得税支払い後に購入される。しかし，年々その価値が上がる場合，発生するキャピタル・ゲインへの課税は将来に延ばされる。つまり，10年前に2,000ドルで購入された株式が，今日，10,000ドルで売却されるとすると，所得税のもとでは，2,000ドルのみが既に課税済みであり，8,000ドルについてはこれから課税がなされることになる。ゆえに，消費税のもとで行われる8,000ドルへの課税は，所得税のもとで行われることと全く同じであるといえよう。

最後に，資産の大部分，特に裕福な者によって所有される資産は，消費さ

れずに贈与または遺贈されることをはっきりさせておくべきであろう。消費税のもとでは（消費・贈与・遺贈税とは対照的に），贈与する家計がこの資産について再び課税されることはない。つまり，「贈与および遺贈資産」はすでに二重課税から守られているのである。

このように，二重課税問題は見た目ほど深刻なものではない。しかしそれでもなお，課税後の所得から累積されているので所得税によっては再び課税されることはないが，**移行前取得資産控除**が認められない限り，実際に消費をする際に消費税によって課税されてしまう，そうした資産の取扱いが問題であることに変わりはない。

1995年法案には全ての資産保有を保護するための複雑な手段が盛込まれているが，これとは対照的に，私は比較的低い限度額に至るまでの資産だけを保護するような，簡素な手段を推奨する。私は両極端は避けるべきであると考えている。まったく保護をしなければ，それは簡素であるが公正さを欠く。逆に完全な保護をすれば，それは公正ではあるが過度に複雑なものとなってしまう。

私は3つの理由から，こうした比較的低い限度額を超える移行前取得資産のための控除を推奨しない。第1に，上限を超える資産の大部分は，消費されるのではなく贈与または遺贈に充てられるので，個人消費税を通じて課税されない。ゆえにそうした資産は既に保護されているのであり，控除は正当化されえない二重保護をもたらすことになる。第2に，大規模な所有資産の中には，しばしば評価することが困難な資産が含まれている。第3に，移行前取得資産控除による税収の減少を制限する必要がある。

州債および地方債利子の現在の保有者に保護を与えることに対する **Graetz**（1980年，p. 264）の反論を思い返してみよう。彼は，人々は他のいかなる予測し得ない経済や政治の変化からも保護されていないので，税制の移行も何ら保護を提供する必要がないと主張している。しかしながらそれでもやはり，保護を与えなければならない理由が2つ考えられる。第1に，USA税を制定するためには，おそらくそうすることが政治的に必要とされる。第2に，そしてより根源的に，**Domenici**（1994年，p. 300）が強調している通り，**Graetz**

の「強硬な」手法は不公正であり,また新税制が全体として持つ政策目的と矛盾している。新税制が貯蓄や投資をする人々やその行動を奨励するよう企図されたものであるのに対し,この手法はそれらに罰則を与えるものである。ゆえに私はこの手法を無条件に拒否する。

Domeniciは,両極端のもう一方,すなわち完全な公正の追及へ走ることはしていない。その代わりに,移行前からの資産の簡素な「**分割控除**」**方式**を提案している。これはある程度の保護をもたらすものである (1994年, pp.301-302)。

> 制定の日に,全ての納税者は(USA税)以前に獲得した金融資産もしくは移行前からの貯蓄を確定する。計算を1度きりにすることで,(中略)移行期間は比較的短く,固定されたものとなる。新制度は,制定後の数年間,各納税者に毎年,「移行前取得金融資産調整控除」と呼ばれる追加的な控除を認める。例えば,納税者に,制定の日に続く5年の間,毎年,以前に取得した総金融資産の20%に相当する額を控除する権利が与えられる。これは移行前からの貯蓄の完全調整をもたらすものである。しかし,税収の縮小があるため,議会がこれを過度に推し進めることはできないであろう。新制度ではこれに代えて,制定の日に続く3年間,毎年10%の控除を認めることで,部分調整を行うことも可能である。

私の考えでは,この分割控除方式を,比較的低い資産保有額に限定した形で実施することが,移行前からの資産の問題に関する最善の解決方法である(**Seidman and Lewis**, 1996b)。複雑なことが1度だけ生じる。制定の年における移行前からの資産の計算がそれである。それ以降は,制定の年に算定された移行前からの資産の一定割合を控除額が使い果たされるまで差引くことを除けば(これは表4.1の第18項目を通じて行われる),家計は単に(キャッシュ・フローによって計算される)消費額に対する課税を受けるようになる。その上,この複雑さは,比較的低い保有資産額しか控除できないように上限を設けることで軽減することができる。なぜならば,大規模な保有資産には,時として評価が困難な資産が含まれているからである。

この1度きりの移行前取得資産控除の計算においては,次の問題が鍵となる。すなわち,所得税のもとであるならば,家計が実際にどれだけの額の消

費を行ったであろうかということである。例えば，ある家計が50,000ドルの銀行口座残高と50,000ドルで取得した株式を所有しているとすると，所得税のもとでは，この家計は100,000ドルを非課税で消費することができる[11]。しかし標準的な100,000ドル家計が，累計で60,000ドルのみを消費し，残りを遺産として残すならば，移行前取得資産控除率表は，移行前取得資産控除累計額を60,000ドルとして作成されなければならない。

　このように各家計は，税制移行前の12月31日に保有していた移行前からの資産について1度きりの計算を行うよう指示を受け，第1年目の納税申告書に添えて資産のリストと算定額を提出することになる。計算ではまず第1に，資産を加算することによって，所得税のもとで可能な最大非課税消費額を計算する。加算する資産には，銀行口座残高，株式の取得価額（「原価（basis）」）などが挙げられる（年金基金の全てあるいはほとんどは除外される。なぜならば所得税のもとで引出しの際にすでに課税されているからである）。次に負債を控除し，所得税のもとでの潜在的な最大非課税消費額を得る。しかし，家計はこの全額を実際に消費するわけではない。そこで家計には，この総額に対して控除率表を適用することが求められる。例えば，最初の50,000ドルには80％，次の50,000ドルには40％，そしてそれ以降には0％といった具合である。そしてこれらの合計額が数年間にわたって控除が認められる移行前取得資産累計額となる。この控除率表のもとでは，移行前取得資産の最大控除額は60,000ドルになることがわかるであろう。

　次に家計は，移行前取得資産控除累計額を使い果たすまで，毎年，年間控除額を適用することになる。もし分割控除期間が5年であるならば，家計には，5年の間，それぞれの年に控除対象の移行前取得資産累計額の20％を控除することが求められる。ここで注意すべきことは，この控除率表のもとでは，ほとんど全ての家計に正の課税消費額が生じることである。その理由は2つある。第1に，どの家計についても，年間控除対象額は最大で12,000ドルである。第2に，低消費家計が持つ年間控除の権利は，多くの場合，12,000ドルよりもかなり少ない[12]。それゆえ，移行前取得資産控除を使い果たすのは，全ての家計において5年後となる。

ここで，この分割控除法の鍵となる特徴を確認しておこう。ひとたび移行前からの資産が算定されたならば，年間控除額は簡潔にそして自動的に決定される。それは，5年間の各年について，控除可能な移行前からの資産の20%である。そこには行動ゲームが演じられる余地はない。租税制度の移行が行われるとすぐに，各家計は新しい納税申告書から次のことを悟ることになる。すなわち，家計は消費に応じて課税されるが，人的免除，家族控除，そして前もって決定される移行前取得資産控除の3つがそこから除かれるということである。

これとは対照的に，**Aaron and Galper** (1985) は，各資産を，それが将来において売却されるまで追跡するよう推奨している。各移行前取得資産の原価（取得費用）は，売却の年に控除対象とされる。ここで注意すべきであるのは，売却が新制度の導入から何年も後に行われるかもしれないということである。私は彼らの手法を「資産売却法」と呼ぶ。**Aaron and Galper** (pp.78-79) は次のように認めている。「移行は完成するまでに多くの年月を費やすことになる。しかしひとたび，キャッシュ・フロー所得税が導入される以前に取得された資産が，全て売却されるか贈与や遺贈を通じて他の者に移転されてしまえば，納税者は通常，いかなる資産購入価額も納税のために記録し保持することを求められない」。

Aaron-Galperの資産売却法が有する利点は，それが実際の取引きだけを用いているということである。控除は，資産が売却された時にのみ生じるのである。**Domenici** (1994年，p.301) はそれでもなお，次のような理由から，彼らの手法を推奨しない。

> 原価調整法の主たる問題は記録保持にある。この手法の提案者は，その負担が，納税者に課税標準額の記録を保持するよう求める現行規程の負担よりも大きいものではないと主張している。しかしながら原価調整法は，新制度が効力を発した日の前に取得したものと後に取得したものとに資産を分けることを求めている。そしてその資産は，それが売却されるまで追跡され続けることになるが，これは移行期間に際限のない延長をもたらす。

Domenici の分割控除法の煩雑性が，控除対象となる移行前取得資産額の算

定によって1度だけもたらされるものであるのに対し、Aaron-Galperの資産売却法の煩雑性は何年にもわたって続く。Aaron-Galper法のもう1つの問題は、納税者は、資産を売却することを選択した時に、ごまかしを行う衝動に駆られる恐れがあるという点にある。**Aaron and Galper**は、資産売却が延長されているあいだ毎年、原価の調整を行うことによって、こうしたごまかしを防ごうとしている。しかしこれは煩雑性を増大させてしまう。

　1995年法案は、**Domenici**が1994年に示した、50,000ドル未満（退職勘定を除く）の移行前取得金融資産を持つ納税者に関する勧告を踏襲している。しかし残念ながら、50,000ドル以上の移行前取得資産を持つ納税者に対する措置は、非常に複雑な規程となっている。第1に、そうした納税者は、Aaron-Galperの資産売却法と同様に、移行後の各年に売却するそれぞれの資産について、「原価」（取得費用）の記録を保持しなければならない。第2に、これらの納税者は、当該年に売却した株式の原価をS表（純貯蓄控除計算）に算入しなければならない。S表は負債や免税債券利子が含まれるもので、次節で見るように、おそらく1995年法案における最も複雑な部分である。1995年法案は、S表を用いることによって、負の貯蓄を減少させる控除を認めながら、移行前取得資産控除の使用が正の貯蓄を増大させないように仕向けているのである。

　ハーバード法科大学院の**Kaplow**は、S表における移行前取得資産の取扱いが歪んだインセンティブを創り出すということを明らかにしている。彼は次のように書いている。

　　ここで生じる議論は次のようなものである。USA税の原価補償制度は、即時消費が貯蓄よりも報われるように設計されている（脚注：私は、この「設計されている」という言葉を、そうした意図があったという意味で使っているのではない。おそらく、その意義は充分に理解されていなかったであろう）。（前略）USA税は納税者に、原価補償からの恩恵を望むならば、彼らの貯蓄を投資したままではなく、消費するよう仕向けている。言い換えるならば、USA税は、貯蓄をする者や、既存の貯蓄を使わずにおく者に比べ、貯蓄を取崩す者に、より寛大なのである。

　しかし**Kaplow**は、「この問題は簡便法によって大きく改善することができ

る」とすぐに付け加えている（p.1118）。彼は，Domenici が提唱しているような種類の分割控除率表は，移行前取得資産を貯めておかずに消費させるという歪んだインセンティブを回避すると述べている。

> そうした分割控除率表を用いることによって，貯蓄に関する決定から独立した原価控除を与えるという選択肢は，全ての納税者に，当初から，純粋で完全な消費税と連結した限界的な取扱いをもたらすことを可能にする。さらに，そうした控除率表においては，原価補償を寛大にすることも，あるいは制限的にすることも思いのままである（後略）（p.1117）。

私はこうしたことから，Domenici が1994年に示した，適度の資産保有に限定された分割控除法を推奨している。

最後に，州債の利子や地方債の利子，そして社会保障給付に対して一時的な救済措置を与えることが政治的に必要であるならば，それは家計消費額の正確な算定をゆがめることではなく，移行前取得資産控除を通じてなされるべきである。州債利子，地方債利子，そして社会保障給付はその全額がキャッシュ・インフローに含まれるので（公債利子は納税申告書の第2項目に，社会保障給付は第7項目に含まれる），家計消費額は正確に計算される。しかし，税制が移行する1年以上前に州債または地方債を取得した家計は，移行前取得資産控除の分割控除期間が5年である場合，1年目に公債利子の80％，2年目に60％，3年目に40％，4年目に20％，そしてそれ以降は0％に相当する分だけ，移行前取得資産控除を増加させることを認められる。同様に，以前の所得税では課税から免除されていた社会保障給付を受取る家計は，1年目に給付額の80％，2年目に60％，3年目に40％，4年目に20％，そしてそれ以降は0％に相当する分だけ，移行前取得資産控除を増加させることを認められる（現行所得税の下で課税の対象とされる高所得退職者は，この移行期救済措置を受ける資格を与えられない）。こうした手法は，これらの移行期調整が控除対象移行前取得資産の分割控除期間が満了すると共に終わることを，確実なものとする。

S表（純貯蓄控除計算表）の削除

　1995年法案と1995年解説書（pp.1520-1521）において最も複雑に見えるのは，おそらく**S表**，すなわち純貯蓄控除計算の提案であろう。その原因は3つの算定項目にある。それはすなわち，負債のキャッシュ・インフローからの除外，免税債券利子のキャッシュ・インフローからの除外，そして50,000ドルを超える移行前取得資産を持つ納税者のDomenici式簡便分割控除法からの除外である。設計者の意図は，家計が，実際には純貯蓄が正の値にならないにも関わらず，これらの資金調達源を利用して正の値の貯蓄控除を獲得してしまうことを防止することにある。

　正確には，S表はどのように機能するのであろうか。それは，ここで詳述するには，それどころか巻末注で説明するのにでさえ，複雑すぎる。しかしその目的は簡単に理解することができる。それは，家計が，資金の借入れや免税債券利子，あるいは移行前取得資産を利用することによって，特定の年に正の値の純貯蓄控除を獲得することは防止しようとするが，同時に，これらの資金調達源が赤字家計の貯蓄取崩しを減少させることは可能にしておこうと試みる，納税者に対する複雑な一連の指図なのである。その基本的な手法は，特別勘定を設け，家計が正の値の貯蓄を持つ年にはそこにこれらの除外額や控除額を積立て，負の値の貯蓄を持つ年には取崩すというものである。

　人々はおそらく，S表の設計者が，借入れ，免税債券利子，富者の移行前取得資産（50,000ドル超の資産）という3つの算定項目によって生じる問題に払った，英雄的ともいうべき莫大な努力に感嘆するであろう。S表がなければ，これらの算定項目は，多くの納税者が，本当には正の値の純貯蓄を行っていないにも関わらず，多額の貯蓄控除を要求することを認めることになってしまう。そうした納税者は，合法的に，実際の消費額よりもかなり少ない算出消費額を申告することになるのである。S表はこうした「悪用」を抑止しようとするものである。

残念なことに，S表の手法が，積立てた除外額や控除額を利用することによって貯蓄取崩し者となろうとする，歪みをもったインセンティブを家計にもたらすであろうことは明白である。私は既に，2人の税法の教授によるS表に関する批判を引用した。すなわち，借入れの扱いに関する **Warren** (1995) の批判と，移行前取得資産の扱いに関する **Kaplow** (1995) の批判である。最も包括的にS表の批判を行っているのは，おそらく，ジョージタウン大学法律センターの **Ginsburg** (1995) であろう。彼は，納税者の歪んだ行動とS表の巧妙な取扱いに関する一連の例を紹介した後，次のように述べている (p.598)。

> これらの問題点や懸念事項の全て，前述した操作の可能性の全て，そして時と経験が今後もたらすであろう他の事柄の多くが，標準的な消費税モデルがUSA税の無制限貯蓄控除に優越しているという **Warren** 教授の「試論的な結論」や，法律制定前の取得原価を救済することに関する **Kaplow** 教授の判断が，絶対的に正しいことを示している。私は，USA税が行おうとしているような，免税債券利子とその債券の取得額の貯蓄控除の組合わせが，非常にはげ落ちやすい塗装のようなものであることだけを付け加えておく。

S表は歪んだインセンティブをもたらすだけではなく，極端に複雑で，混乱をもたらすものでもある。家計は，貯蓄がその年に控除対象となるか否かを判断するにあたり，納税者に対する指示でできた迷宮をくぐり抜けなければならない。S表の不明瞭さは，この章のはじめに示された個人消費税申告書の明瞭さと非常に対照的である。申告書の上で，その年の消費額を算定するために家計が行うのは，キャッシュ・インフローを合計し，そこから非消費キャッシュ・アウトフローを差引くことだけである。

Ginsburg は，彼の論文を次のように断固とした言葉でしめくくっている (p.598)。

> いずれにしても，(1) 負債総額を課税標準に含み，(2) 法律制定後の納税者の行動に対して法律制定前の取得原価の補償を担保しないようなキャッシュ・フロー消費税は，問題のすべてを解決するわけではなく，また現実生活や富者の徴税妨害がもたらす機会のすべてを取除くわけではないが，Nunn-Domenici 提案に帰せられる課題をかなりうまくこなすことができよう。

私は Ginsburg に同意する。私はすでに，設計者に S 表を作らせる原因となった3つの算定項目のすべてに関して反論を述べた。S 表は取除くことができるし，もし私の3つの勧告が受入れられるならば，USA 家計税は真の個人消費税となる。すなわちそれは，負債（消費者耐久財のためのものを除く）と免税利子をキャッシュ・インフローに含め，移行前取得資産に対し，簡素で比較的低い上限を伴う Domenici の分割控除法を適用することである。

これに関連して，「課税原価（tax basis）」という用語の使用にかかわる簡素化が考えられる。一般に「原価（basis）」は資産の費用のことである。この「原価」という用語は，1995年提案および1995年解説書の多くのページで使われている。この用語は S 表に必要とされるものである。この用語の使用が USA 税を非常に複雑なものとしている。私の勧告する手法においては，「原価」という用語は，1度だけ行われる移行前取得資産の算定と，住宅のように頻繁に価値評価がなされるわずかの消費者耐久財（その場合，原価はキャピタル・ゲインの算定に必要とされる）に対して使われる場合を除き，USA 税から取り除くことができる。実質的に「原価」という用語を排除することで，USA 税は劇的に簡素化される。

年 金 基 金

個人消費税の下では，（現行所得税とは異なり）**年金基金**を退職前に引出すことに対する懲罰的な加算税は存在しない。なぜならば，個人消費税の目的が，それがどのような資金で賄われているかに関わらず，消費に応じて各家計に課税することにあるからである。すなわち，消費が，「移行前」の年金基金によって賄われているのか，「移行後」の年金基金によって賄われているのか，あるいはそれ以外の資金源によって賄われているのかは問題ではないのである。私はそれゆえに，現在施行されている10％の加算税を，あらゆる年金基金引出しについて廃止することを提案する。「移行前」の年金基金を引出すことに対する10％の加算税については，存続させるよう主張する者もいる

かもしれないが，それは理論において正しくないし（各家計はその消費に応じて課税されるべきである），実施において複雑である（家計と年金管理者は，「移行前」の基金と「移行後」の基金の関係を多年にわたって記録し続けなければならない）。

　全ての貯蓄に対して税額控除が適用されることによって，年金基金は，他の貯蓄に対する課税上の優位性を持たなくなる。被用者は，雇用主が年金基金の負担金を管理することの利便性や優位性を，依然として求めるだろう。そしてそれは，制限も加算税もなしに退職前引出しを認めるということで実現される。それゆえにほとんどの年金基金は，制限や加算税を廃止するようになると思われる。累進税率表は，標準的な家計に，退職期まで引出しを延期するインセンティブを与えるだろう。そうした時期には，比較的低い限界税率の対象となることが予想されるからである。

　個人消費税への移行が，年金基金雇用主負担の引下げを通じて，そして年金基金からの引出しに対する制限と加算税の撤廃を通じて，貯蓄の総量を減少させてしまう可能性が指摘されている (**Steurle** 1996, **Bernheim** 1996)。このことは，被用者が，現行年金制度を通じて雇用主が彼らのために行っているのと同じくらい多くの貯蓄をしたり，また退職前の消費を賄うために貯蓄口座や投資基金の蛇口を開けてしまうことを我慢するよう，自らを律する習慣を持たないということを前提としている。

　私は，それとは全く逆に，個人消費税の下では，実際には年金基金貯蓄が増加すると考えている。おそらくほとんどの年金基金が早期引出しへの制限や加算税を廃止するであろうし，その廃止によって，被用者は今より多額の保険料負担に耐えるようになるだろう。管理上の利便性が，個人貯蓄に対する雇用主負担年金基金の優位性を維持するのである。今日，被用者は年金基金に資産を「封じ込め (lock up)」し過ぎることにためらいを感じており，そのためらいが，雇用主負担を抑制している。しかし制限と加算税の廃止によって，被用者はより多額の年金負担を望むようになる。退職前引出しは増大するが，保険料負担の増加は引出しの増加を超過するであろう。

　「封じ込め」の除去は，たとえそれが年金の負担を減少させるとしても，貯

蓄総額には増加をもたらすものと考えられる。今日，家計は資産を退職まで封じ込めることでしか税額控除を得ることができない。個人消費税の下では，家計は資産を封じ込めることなしに貯蓄税額控除を獲得することができる。この変化が，たとえそれが年金貯蓄を減少させるとしても，貯蓄総額には増加をもたらすことは，かなり確実である。

税制転換直前の現金退蔵

過渡期に生じるもうひとつの問題が，税制転換直前の**現金退蔵**である。家計が金融資産を売却したり，貯蓄口座や投資基金から現金を引出し，その現金を（自宅や埋蔵金庫，あるいは内国歳入庁に現金引出しの報告を行わない国外もしくは国内の銀行に）蓄えることを想定しよう。その家計は，税制転換後，その退蔵した現金を使用することによって，税を支払うことなしに消費を賄うことができる。もし資産が前述の移行前取得資産控除によって保護されるのであれば，資産を現金に変換することによって得られるものはない。しかし私は，移行前取得資産の保護を，比較的低い上限までに限定するよう勧告している。それゆえ，保護対象ではない資産を現金に変換することによって生じる利益は少なくないと考えなければならない。

現金退蔵は過渡期の問題である。**Graetz**（1980，p.274）は次のように書いている。「現金退蔵は支出税の制定前にのみ生じる問題である。制定後においては，現金は貯蓄や投資に回したほうが納税者にとって有利である。なぜならそれが即時控除をもたらすからである」。

しかし，税制転換の直前に行われる現金退蔵はやはり問題である。目標は現実的でなければならない。**租税回避**は個人所得税の下で現に存在するが，個人消費税の下においても生じるであろう。所得税の下で資本所得を申告しない危険を冒す者は，退蔵した現金を申告しない危険も冒すであろう。目標は，租税回避の常習者による回避をなくすことではなく，租税回避に新規参入者が現れることを防ぐことにある。

次に示す **Graetz**（1980, p.274）の勧告は道理にかなっているように思われる。

> 当初の現金残高は受領額に含められなければならない。そのような現金を検出するためには，現実的な問題として，貯蓄口座からの多額の引出しや，高額な投資資産の売却を報告する情報に頼らざるを得ないであろう。そうした検出は，そのような方法をとったとしても，非常に困難である。
>
> 実現を支援する手段としては，手元にある全ての資産をリストにし，支出税導入時に求められる1度だけの報告書として提出することを納税者に要求することが，おそらく最も望ましい。故意に行われる誤った報告を不正に対する罰金の対象とするならば，かなり確実に正確な報告がなされるであろう。

既に推奨した移行前取得資産控除を実施するためには，各々の家計が，税制転換前の12月31日に所有する全ての金融資産（および負債）をリストにしなければならないということを思い返して欲しい。ここで，租税回避の抑制は，そうしたリストが作成されなければならない2つ目の理由となる。家計は12月31日に所有する現金をリストに載せ，それを最初の年の納税申告でキャッシュ・インフローの額に含めることを求められる。租税回避常習者は何れにしても回避を行う。しかし，所得税の下で回避を行うには，あまりにも正直で，危険を避ける傾向にある家計は，この要請によって，現金退蔵を通じて重大な租税回避を行うことがなくなるであろう。

マクロ経済的安定を目的とした段階的導入

1年の間に全国民がUSA税へ移行するならば，アメリカ経済における消費総額の成長が，貯蓄税額控除への反応により，通常以下へ激しく落ち込む可能性がある。もしそうなれば，一時的な景気後退が起きることになる。一部の分析者は，USA税が大きな貯蓄刺激効果を持つことに懐疑的であるため，こうした危惧を無視している。しかし貯蓄の増加は，彼らが考えているよりも大きいかもしれない。確かなことは誰にもわからず，それゆえ，そうした

危惧に対する用心は，USA税を5年間に渡って段階的に導入することのひとつの理由たりえるのである。

　USA税の段階的導入には，少なくとも4つの可能性がある。それは，(1)全国民へ貯蓄控除を段階的に導入する方法，(2)家計の調整粗所得に応じて分けられた国民層ごとに導入する方法，(3)家計の最年長者の年齢に応じて分けられた国民層ごとに導入する方法，(4)各年に行う国民のクロスセクションによる選抜に基づいて段階的に導入する方法である。以下ではこれらを順に考察し，なぜ私がクロスセクション導入法を推奨するかを説明する。

　第1の手法は，全ての国民を同一の年に移行させるが，控除対象となる貯蓄については，その割合を段階的に増やしていくというものである。例えば，1年目は家計貯蓄の20%のみを控除対象とし，2年目はそれを40%に増やし，そしてその後も同様に増やしていく。この手法の長所は，それぞれの年において，全ての家計に同一の個人課税制度が適用されることである。

　この方法の短所は，段階的な導入を適用する対象が，控除対象となる貯蓄の割合だけでは済まないということにある。個人消費税は，貯蓄控除以外にも変更点を有している。それはすなわち，借入れ，金融資産売却収益（キャピタル・ゲインだけではない），現金贈与や現金遺贈，免税債務利子の算入などである。もしこれらにも段階的導入を適用するのでなければ，移行は円滑でも公平でもなくなってしまう。しかしこうした複合式の段階的導入を伴う場合，移行の年にこの税の原理を家計へ説明することは著しく困難になる。それだけでなく，内国歳入庁は，5年のあいだ毎年，全国民について規則の変更に対処しなければならないのであり，そしてそのことは，5年間が過ぎるまで，USA税が完全には施行されないことを意味しているのである。それゆえこの手法は推奨されるべきではない。

　これに対して，残りの手法は，国民を徐々に移行させていくものである。その短所は，USA税へ恒久的に移行するのは，毎年，国民の一定割合のみであり，残りの国民は所得税の下に残されるという点である。長所は，家計に対して，依然として所得に課税されているか消費に課税されているかのどちらかであるというこの税の原理を，所定の年に説明することが容易であると

いうことにある。家計がひとたびUSA税へ移行したならば，その家計は生活も移行させる。さらにまた，内国歳入庁は，5年を通じて，古い所得税規則と，新しいUSA税規則という，たった2つの規則だけを扱うだけで良い。内国歳入庁は，最初の年に移行される，最初の20％の国民と共にUSA税規則の経験を積み始めることができる。

第2の選択肢では，家計の調整粗所得（Adjusted gross income）に応じて，国民を段階的に移行させる。第1年には，第0年に調整粗所得が例えば100,000ドルを超過した家計をUSA税へ恒久的に移行させる。第2年には，第1年に調整粗所得が80,000ドルを超過した家計を移行させる。そしてこれは第5年に至るまで同様に続けられる。

第3の選択肢は，家計の最年長者の年齢に応じて，国民を段階的に移行させるというものである。第1年には，最年長者が30歳以下の家計を恒久的に移行させる。第2年には最年長者が40歳以下の家計を移行させ，そしてそれ以降，第5年まで同様に移行させる。

最後の選択肢では，国民のクロスセクションによる選抜に基づいて段階的移行を行う。各年ごとに，所得，年齢，地理的条件などの組合わせによって移転させるのである。第0年に1度だけ全ての家計所得税申告書をこれらの特徴に基づいて分類し，その後は毎年，その年に移転させる家計を無作為抽出によって選出する。

クロスセクション導入法は，他の2つの手法に対していくつかの長所を有している。第1に，特定の所得層や年齢層が，有利に扱われたり，不利に扱われたりすることに対する抗議が生じない。第2に，国民のクロスセクションによる毎年の移行は，特定の産業への損害を抑制する。これとは対照的に，調整粗所得導入法では，移転させられたばかりの所得層が特定の生産物への需要を減じと思われる。例えば，第1年にはヨット産業が売上の激しい低下に見舞われるかもしれない。同様に，年齢層導入法では，第1年にステレオ産業が著しく縮小する可能性がある。しかしクロスセクション導入法では，毎年新たに移行されるのは混合されたグループであり，そのため，需要の変化は全ての産業に一様に拡散される。私はそれゆえに，5年間のクロスセク

ション導入法を推奨するものである。

事業税オプション

　企業に対する課税には様々な税が考えられる。USA税は，その**事業税**として**仕入高控除方式付加価値税**（subtraction VAT）を選択している。この選択の根拠はどこにあるのだろうか。
　仕入高控除方式付加価値税とは何か思い起して欲しい。各企業は，売上収益と他の企業からの仕入れとの差額を算定し，その差額に税率（USA税ではおよそ11％）を適用する。投資財の購入は，法人所得税において漸次償却されるのとは対照的に，その年の内に全額が控除される。この重大な特徴は，課税標準の事業部門全体の合計を，付加価値（産出物）から投資を差引いた残りに等しいもの，すなわち消費に等しいものにする。事業税に仕入高控除方式付加価値税を選択することによって，USA税は，家計と事業という2つの構成要素からなり，それぞれに消費という同一の課税標準を有することになる。事業部門は比例税率（およそ11％）で課税するのに対し，家計税は累進税率で課税をする。
　なぜ，他国のほとんどが採用している**税額控除インボイス方式付加価値税**（creditinvoice VAT）ではなく，仕入高控除方式付加価値税が用いられるのであろうか。税額控除インボイス方式では，各企業はその売上収益に税を課されるが，仕入れを行う際に支払った付加価値税を控除することが認められる。もし全ての企業に対して付加価値税率が同じであれば，2つの手法は等価である。例えば，売上収益が1,000ドルで仕入高が400ドルである企業Aを想定してみよう。11％の仕入高控除方式付加価値税では，この企業の税額は，600ドルの11％，すなわち66ドルである。11％の税額控除インボイス方式付加価値税では，税額は1,000ドルの11％（110ドル）から控除額である400ドルの11％（44ドル）を差引いた額であり，それは66ドルとなる。どちらの方式の付加価値税にも，賛成派と反対派がいる（**McLure**, 1987）。歴史的にみると，

ヨーロッパ諸国のほとんどが，取引高税を税額控除インボイス方式付加価値税に置き換えたという経緯がある。ここで，取引高税とは，生産の（製造から小売までの）全ての段階で支払われる売上税のことである。税額控除インボイス方式付加価値税は，取引高税に自然な形で修正を加えたものなのである。この税は依然として売上に課税するが，生産の前段階で支払われた税の控除を取入れている。取引高税率がしばしば財の種類に応じて変えられるのと全く同様に，税額控除インボイス方式付加価値税は，小売段階の売上税率を変えることによって，その税率に変化をもたせることができる。

これとは対照的に，USA 付加価値税は法人所得税に置き換えられる。法人所得税は売上収益と特定の費用との差額に課せられるものである。仕入高控除方式付加価値税は法人所得税に自然な形で修正を加えたものといえる。この税は依然として売上収益と特定の費用との差額に課されるが，控除対象となる費用に投資財の購入費を加え，逆に給与や減価償却費，支払利子は控除対象費用から除外している。小企業を除いて，法人税率は，少なくとも名目上は，単一である。USA 事業税も単一税率の維持を意図している。このように，取引高税から出発すれば，最も自然な付加価値税として税額控除インボイス方式付加価値税が選択され，法人所得税から出発すれば，仕入高控除方式付加価値税が最も自然な付加価値税として選ばれるのである。

フラット税も，各企業が現金給与をも控除するという点を除けば，仕入高控除方式付加価値税である。なぜ，USA 税の下では給与の控除が認められないのであろうか。フラット税において給与が控除される根拠を思い起して欲しい。それをしなければ，フラット税は単一の要素からなる税，すなわち仕入高控除方式付加価値事業税となる。これは全ての家計に対する単純な比例税率消費税に他ならない。それは累進性を持たず，豊かな家計においても貧しい家計においても，消費の同一割合が税負担となる。フラット税は，所得層の最上部に関しては，累進性への反対を主張するが，最下部に関しては，何らかの保護が必要とされることを認めている。これこそが，企業に現金給与の控除を認め，多額の人的控除を伴う個人給与税と組合わせる理由である。

しかしUSA税は，累進税率を持つ累進家計消費税を伴っている。またこの税は低賃金の家計に対する給与所得税額控除を継承しており，さらに新しく賃金高税額控除をも含んでいる。それゆえ，低所得の家計を保護するために，事業税の現金給与控除に頼る必要はない。このように，事業税は純粋な（被用者報酬に対する控除を伴わない）付加価値税に留めておくべきなのである。その結果，USA事業税はフラット事業税よりもかなり広い課税標準を持つことになり，より低い税率で同額の税収を上げることができるようになる。また，課税標準がマイナスとなり，それを繰越すような企業は，はるかに少なくなるであろう。

付加価値税は，金融機関を除き，金融上の支払いと受取り（利子および配当）を除外する。課税標準は，実物の財とサービスの売上額から，実物の財とサービスの他の企業からの購入額を差引いた額に等しい。これとは対照的に，法人所得税は利子は含むが配当は含まない。そのため，借入資本と自己資本の間の選択を歪めてしまう。この歪みは，事業税課税標準を算定する際に，金融上の支払いと受取りを全て算入することでも回避することができる。しかし，USA付加価値税は除外することを選択している。なぜなら，非金融企業にとってはそのほうが簡素だからである。金融機関は異なった取扱いを受けることになる。

家計に賃金高税額控除が与えられるのと同様に，企業にも賃金高税額控除が与えられる。これらの税額控除は共に，社会保障財源に影響を及ぼすことなく，賃金高税の負担を除去する。USA税の目標のひとつは，累進的な連邦租税制度を達成することにある。フラット税が賃金高税負担の著しい逆進性に目をつぶっているのとは対照的に，USA税は賃金高税に税額控除を与え，低賃金労働者に対する給与所得税額控除を継承している。

Christian (1995, p.379) によれば，**関税および貿易に関する一般協定（GATT）**はUSA税とフラット税に以下のような差異があることを指摘している。「USA税は，直接的なものであれ間接的なものであれ，被用者報酬の控除を認めていないので，輸出および輸入に際して国境調整が可能である。フラット税は直接的な報酬に対して控除を認めているので，輸出および輸入

に際して国境調整は不可能である」。

　貿易相手国の多くが国境調整可能な付加価値税を採用しているので，USA事業税も国境調整可能であることが望ましい。USA税の下では，各企業が輸出を除外するが，輸入は課税される。つまり，輸出は非課税でアメリカ合衆国を離れ，輸入国で付加価値税の対象とされるのである。そしてこれに対応して，非課税で他国を離れた輸入は，他のアメリカ企業と同様に，USA事業税の対象とされる。

　企業は，本社所在地に基づいて課税されるべきであろうか。それとも生産地に基づいて課税されるべきであろうか。1995年法案では，USA税は「生産地主義的である。本社所在地がアメリカ合衆国にあるか他国にあるかに関わらず，アメリカ合衆国で生産された財およびサービスの純売上収益のみが課税されるのである。

　いかなる事業税も，施行する上で生じる一連の問題と取組む必要に駆られている。それには例えば，特定サービスや中小企業，農家，非営利団体，そして住宅供給や建設業の取扱いなどが挙げられる。付加価値税のこうした問題への取組みは徹底的に分析されており（McLure, 1987），付加価値税を採用している国の多くが，多様な解決法を試している。USA事業税は，こうした特別な問題に対する分析や現実の経験を利用することができよう。

　移行経過の保護措置もいくつか設けられる必要がある。税制転換が行われる際，企業が資本財を保有しているケースを考えてみよう。所得税の下では，企業はこうした財の購入費は控除しないが，その代わり，減価償却費を毎年控除することを期待する。新しく導入されるUSA税の下では，新規の資本財は購入の年に控除されるが，漸次の減価償却は行われない。しかし「移行前に購入した」資本財の減価償却費は認められるべきである。但し，税収に過大な犠牲が生じてはならない。1995年法案は，そうした保護措置を含んでいる。1995年解説書には次のように書かれている（p.1534）。「事業税は，受け入れ不可能な2つの極論の中間に位置する妥協案を採用している。2つの極論とはすなわち，(1) 初年度に全ての調整原価を経費として計上すること，そして (2) いかなる移行前取得資産の調整原価も控除を禁止することである」。

ここで重要なのは，USA家計税にはUSA税収の80%を上げることが求められているのに対し，USA事業税は20%だけを上げるよう計画されているということを思い起こすことである。つまり，USA税の両部門は共に重要であり，整合的でなければならないのではあるが，主要部門は家計税なのである。USA税の公平性は，累進家計税によってもたらされる。事業税の目的は，現在存在する投資に対する歪みを除去することであり，現行事業税の，すなわち法人所得税の，極端な複雑さを減じることにある。これは確実に実行される。USA事業税は，本質的には，単一税率消費税である。もしこの税が家計税に置き換えられるのであれば，累進性と公平性の試験に落第するであろう。しかし，税収の80%を上げる累進家計税と同時に用いられるなら，この事業税は，累進的なアメリカ合衆国租税制度の，有用で，整合的な1部門となるのである。

結　論

　実施上に生じる問題のいくつかは，その最善の解決方法がUSA税設計者の間で合意されているが，他の問題は未解決のまま残されている。この章では，主要な実施上のオプションと，これまでに提案されてきた解決策について詳述した。いくつかのケースでは，提案された解決法は未だ試案の段階であり，数多くの精査と議論がなされ，その結果を受け，大幅に修正する必要がある。このことは，重要なこととして強調しておく。私は，USA家計税には，それがその理想である個人消費税から逸脱する分だけ，実現上の困難が生じると主張してきた。私はそれゆえに，USA家計税が，施行案の細部に至るまで，個人消費税の理想に忠実であることを勧告するものである。

第5章　簡　素　化

　USA税支持者は，USA税が売上税，付加価値税やフラット税よりも簡素ではないことを認めている。USA税以外の税は，それらの支持者が主張しているほどではないが，USA税よりは簡素である。これは偶発的な結果ではない。USA税の支持者は，公平のためには，各家計が累進税率で消費に課税され，高額消費者が少額消費者よりもかなり高い割合で税を支払うべきであると信じている。この結果，USA税は主要な部門として，家計消費額を算定しなければならない家計税を有することになる。このような租税の申告書ははがきサイズにおさまらない。

　しかし，USA税の支持者は，USA税，とりわけその事業部門は，実際上，結果的に所得税より複雑でなくなることを強調している。もちろん，長年にわたるロビー活動や政治活動から受けた傷跡の残る現行所得税と比較するのは，適切ではないであろう。USA税でもひとたび施行されるや，直ちに損傷し始めるであろう。現行所得税と比較するのではなく，これら2つの租税の本来の姿から比較しても，複雑さに関してはUSA税のほうに利があることをUSA税論者は主張する。こうした議論の正否を判定するため，私は家計税からはじめ，次いで事業税に移り，そして最後に，所得税の下でこれらの両部門を悩ます現象，つまりインフレーションを取り扱うことにする。インフレーションは最後に論じることにして，はじめはゼロ・インフレを仮定する。

　本書を通じて私は，累進消費税の構想を堅持することがUSA家計税の改善につながると論じてきた。この構想は表4.1に示された納税申告書で説明できる。こうした議論は，簡素化に対して特に力を発揮する。第4章で説明した

ように，1995年 USA 税法案は，借入れ，免税債券利子，および移行前に取得した資産の取扱いに関して，消費税の理想から離れてしまっている。この乖離が，租税立案者に1995年納税解説書に示されるような複雑で混乱の見られる S 表を作らせる結果につながったのである。この S 表があるために，USA 家計税は家計所得税よりも簡素でなくなっている。

本章を通じて想定していることは，S 表を引き入れてしまう決定事項を逆転させて，S 表そのものをなくすこと，そして USA 家計税が個人消費税の構想から離れないようにすることである。このような税は個人所得税よりいくらか簡素になることが強調できる。

所得税に焦点を当てる前に，**遺贈税**および**贈与税**の大幅な簡素化に目を向けることにする。第3章で，個人消費税の背後にある基本的な原則が遺贈税と贈与税を廃止すべきことを示唆していると論じた。もし，個人が現実の消費額，すなわち自らの利益のために引出した資源に応じて課税されるべきであるという原則を受け入れれば，消費・贈与・遺贈（CGB）税よりも消費税を選択すべきであり，富の移転は現実消費を含まないので，遺贈税と贈与税を廃止することを選択すべきである。遺贈・贈与税を撤廃すれば（そしてその税収を富者に対する消費税率を引上げることで代替すれば），USA 税の大幅な簡素化が実現できる。なぜなら，遺贈税立案技術や規則にまつわる複雑な要素がすべてなくなるからである。

ハーバード大学の教授 William Andrews は，*Harvard Law Review* の論文の序で，**租税簡素化**だけで，所得税を個人消費税に転換する十分な根拠となると述べている（1974, pp.1115-1116）。

> 個人所得税を実質タームでとらえ，すなわち所得発生に対する税とみなし，所得発生を消費プラス資産蓄積（またはマイナス資産取り崩し）と考えた場合，資産蓄積の取扱いの不一致から，最悪の不公平，歪み，複雑さが生じるという非難が出てくるであろう。現行法の下では，消費ならびに資産蓄積に関する租税の包括性がしばしば損なわれる影響が出てきて，生活水準が高い納税者でも限られた租税しか支払わない者が現れてくる。

それはなぜ生じるのか。**Andrews** は，所得税の複雑さをもたらす根源は，ロビー活動でも政治活動でもなく，資産蓄積の固有の性質からくるとして次のように説明している。

> しかし，根底にある困難の源は，所得発生の蓄積要素にかかわっている。通常の所得からの貯蓄が完全に課税されるのに，すでに所有している資産価値の値上がりによる実物資産の蓄積部分は，経常課税所得に反映されない。こうした差別的取扱いからもうひとつの複雑要因が生じる。キャピタル・ゲインには，それが実現されても，企業再編を管理するような特殊な法律規程のために，反映されないものがある。これらは法律のもっとも複雑な規程のひとつであり，金融取引の構造に大きな影響を与えている（後略）。すでに課税されているか，元から免税されてきた蓄積資産は再び課税されるべきではない。そのために法律は，売却の際に取得原価を算出し，控除したり，また減価償却資産の場合には原価を通常所得に対して割振るといった複雑かつ不完全な措置を講じることになる。減価償却やその他の項目を算出する際に生じる歪みは，レバレッジ投資における借入れの取扱い方法によって，著しく拡大されることがある（訳者注：負債の自己資本に対する比率をレバレッジというが，借り入れをしてレバレッジを変えることによって，自己資本利益率を効果的に操作することができる）。すなわち，収益率の低い消極投資は，他の所得が経常消費やその他の投資に自由に利用できる場合でも，その所得を課税から免れさせるため，損失を人為的に作り出してしまう。

それでは所得税のこうした複雑さはどうすべきなのか。**Andrews** は続けて次のように述べている（p.1116）。

> こうした困難から抜け出る道は，発生ベースの理念に従って，課税所得に資産価値の未実現変化分を含めることで実質資産蓄積，従って発生所得を反映させて，課税所得をより包括的なものにすることである。こうした目標を文字通り実現するには，全ての資産が各会計期間の終わりにその時の公正市場価値で計上されることが必要である。実践上の要求から，未実現の増価を包括的に算入することは避けなければならないが，改善はこの方向にあると考えられる。
> 困難を回避するもうひとつの策は，他の方向にもある。それは，事業取引や投資取引の所得税取り扱いをより完全に単純なキャッシュ・フローベースにす

ることである。投資支出はそれが行われたときに控除可能となり，他方で，賃金所得を含む，事業・投資活動からのすべての収入は，即時に全額課税所得に算入可能となる。これは，実現キャピタル・ゲインや通常所得からの投資となって現れた場合でさえ，資産蓄積を課税所得から除外することで，取り扱いが一貫するという効果をもたらすであろう。

同様に，Bradford (1980, pp.80-81) も，租税簡素化が税制改革の重要な根拠であるとして次のように論じている。

> 定義から現実の実践に目を移すと，（普通，所得から貯蓄を控除して消費を算定するので）消費が所得より大きな問題を惹起するのではないかと思う者もあるだろう。しかし，ここで私が言いたいのは，正に正反対のことが当てはまるということである。つまり，消費税は，当該年の現金取引のみをベースに，したがって，所得税でも用いられている現金取引のほとんどすべてをベースにして容易に組み立てることができる上，（しばしば遠い）過去の取引をベースにしたり，観測できない額にまで踏み込むことを想定しているような所得計算要素を省くことができる。これらの要素は，実際上，所得税のもっとも厄介な点を生じさせている大半の原因になっているものである。

ミード委員会報告（Institute for Fiscal Studies, 1978）に寄与した **Kay and King** は，個人消費（支出）税が所得税より簡素であると信じている。委員会の結論が支出（個人消費）税へ転換することで，大きなメリットが得られるということであったことを想い起こそう。**Kay and King** は，イギリス税制に関するテキストの中で，次のように書いている（1990, p.99）。「課税ベースとして消費支出を選択する利点の1つは，個人の資産を評価する必要がないということであり，そのために資産の減価の測定やインフレーションのインデクセーション，そして例えば，年金権や人的資本のような富の重要な要素を測定できないとった問題をすべて回避できるということである」。

彼らは，キャッシュ・フロー税の長所を以下のように強調している（p.113）。

> 所得ベースから支出ベースへ移ることに伴う簡素化は，原理的に言えば，発生ベースからキャッシュ・フローベースへシフトすることから生じる。収入が資本項目か所得項目かは問題ではない。関連するどんな個別の項目でもその取

引の日付を特定する必要はない。問題は，単に個別の現金支払が行われたのかどうかそしていつ行われたかだけである。支出税（ET）形態について確認すべき問題はすべて，課税の査定年度中に行われた現実の現金支払に関することだけである。

より簡素な家計税

　USA 税の支持者は，所得税の３つの複雑な側面が，家計消費税の下で簡素になると主張する。３つの要素とは，キャピタル・ゲイン，被用者報酬および貯蓄である。

キャピタル・ゲイン

　USA 税論者は，USA 税の下では**キャピタル・ゲイン**の取扱いが簡素となると論じている。USA 家計税における申告の基本構造は，消費を算定するのに現金の流れを追うことである。株の売却収入は，キャッシュ・インフローに含められる。現金で売却されない株はすべて対象外とされる。当該年の現金による株の購入は控除対象貯蓄（消費に使われないキャッシュ・アウトフロー）とされる。これに対して，過去の購入はすべて無視される。
　しかし，所得税の場合には，キャピタル・ゲインは簡素から程遠い。所得税論者は一般に，キャピタル・ゲインは他のどの所得とも同じく扱われるべきであると主張する。しかし，それが実施できないのは，ロビー活動や政治活動によるのではなく，その固有の性質によるのである。キャピタル・ゲイン，すなわち株の市場価値の上昇は，株の現実の売却を通して実現されるか否かに関わらず所得であるという点に対しては，たいていの経済学者が同意する。しかし，大部分の者が，株が現実に売却されるまでは，実際上課税繰延べが必要であることを認めている。最終的に大方の意見が一致しているのは，この繰延べを「調整する」簡素かつ実践的な方法がないという点である。

つまり、簡素な扱いは結果的に不公平や非効率性をもたらすが、複雑な扱いをしてみても、こうした欠陥を完全には払拭できないのである。

キャピタル・ゲインは所得税にとってなぜ深刻な問題なのか。簡単な例を考えてみよう。はじめに、経済全体にわたるインフレもなく、所得税も課税されていないと仮定しよう。1月1日に家計が銀行口座から100,000ドルを引き出し、100,000ドルで法人株を購入するとしよう。そして、12月31日に家計はその株を105,000ドルで売却し、銀行口座に100,000ドル戻し、別「所得」口座に5,000ドル預金するが、そこには、年に50,000ドルになる給料も預金されるとする。その年には、家計は、銀行口座に100,000ドル預けながら、55,000ドル消費できることになる。従って、たいていの経済学者は、その家計所得が55,000ドルであるということについては意見が一致する。ここで、この家計所得が2つの要素に分けられることに注意しなければならない。つまり、50,000ドルの労働所得と5,000ドルのキャピタル・ゲイン所得である。

今、上のような例にひとつの小さな変化を加えて考えてみよう。家計が株を105,000ドルで売却できたのに、実際には12月31日に売却しないものとしよう。この決定は家計所得を変化させるであろうか。たいていの経済学者の答えは「否」である。その家計は、株を売却すれば、銀行口座を100,000ドルに維持しながら、55,000ドルを消費することが可能であったのだから、その家計所得は55,000ドルであるという主張にたいていの経済学者は同意する。経済学者の一般の定義では、所得は、その資産（100,000ドル）を変化させずに家計が当該年に享受できたであろう最大消費（55,000ドル）である。こうしたことから、経済学者はたいてい、株が売却されようがされまいが、この家計は55,000ドルの所得を得ているということに意見が一致するのである。[1]

しかし、アメリカを含むほとんどすべての国の所得税の下では、家計税は株を売却するかどうかに左右される。株を売らない場合、課税は繰延べられる。経済学者は、株が実際に売却されるまで課税繰延べをすることには、実践上の理由が十分にあるとしている。例えば、売却されない株の市場価値はいつも知られているわけではない。12月31日の株の市場価値は株式市場での突然の変動の結果であるかもしれず、また、その家計には現金が不足してい

るかもしれない。そこで課税は売却年まで繰延べられる。売却年には，家計は株の売却収入と取得費用との間の差額に対する税を支払わなければならない。こうした取扱いは簡素であるが，完全に満足いくものとはいえない。それはなぜか。

　もし株が12月31日に売却されていたら，5,000ドルが直ちに課税されたであろう。例えば税率が28％なら，家計には3,600ドルが残される。銀行口座の利率が年5％であるなら，年28％で課税されるから，税引き後収益は3.6％になる。20年後に，それは蓄積されて7,303ドルとなり，それを消費に充てることができるようになる。[2] しかし，もし20年間その株が売却されないならば，そしてその株が毎年5％の価値を生み出すが，それが配当として支払われず，結果としてその株の年間収益率が（ちょうど銀行口座と同じく）5％となるならば，その株は20年後に13,267ドルで売却され，[3] 2,315ドル（8,267ドルのキャピタル・ゲインの28％）の税引き後，10,925ドルを消費に使うことができよう（これは，7,303ドルよりも50％多い）。

　以上のように，こうした取扱いは簡素であるが不十分である。どのように貯蓄するか，また株を売るのか売らないのかによって，支払わなければならない税額や最終的に使うことのできる消費額が決まるのである。家計は，ある種類の貯蓄に偏向し，他の貯蓄を避ける歪みを持つようになる。そして，彼らは，所有する株に対して「**ロック・イン（封じ込め）**」されているように感じる。この結果は不公平であり，ロック・インは経済にとって非効率である。

　より高い税を課すことで，売却年までの課税繰延べを調整することができないであろうか。困難な点は，株の価値が20年にわたり，いつ上昇し，どれだけ上昇したかによって正しい税額が変わるということであり，こうした変化の記録を家計に期待することが難しいということにある。したがって，繰延べにペナルテイを課するどんな実践的な方法も正しくないであろうし，多くの家計にとり不公平となろう。

　不幸にも，キャピタル・ゲインに適正に課税することができないことは，所得税の欠陥として小さいとはいえない。富裕な家計は，キャピタル・ゲイ

ンで消費の大きな部分を賄っている場合が多い。課税繰延べは，賃金稼得者には利用できない利益にすぎない。同時に，すべての富裕者がキャピタル・ゲインから利益を得ているとは限らない。したがって，富裕な者の間でも不公平が生じているのである。

第3章の記述から，USA税論者が，USA税におけるキャピタル・ゲインの取扱いは，簡素であるばかりでなく，公平かつ効率的でもあると主張していることを想い起こしてもらいたい。株の売却からの収入もキャッシュ・インフローに含まれるから，キャピタル・ゲインを充てて高消費するいかなる家計も高い税額を支払う。しかし，キャピタル・ゲインを消費することを思いとどまる家計は税を支払わない。これとは対照的に，所得税は富裕家計が高消費を享受しながら，それをキャピタル・ゲインで賄う場合，支払税が低額であることを許すのである。同時に，所得税はロック・イン効果や貯蓄の阻害効果を生じさせる。

被用者報酬

USA税の場合，**被用者報酬**の扱いが一層簡素になるというのが，USA税論者の主張である。家計消費は家計キャッシュ・フローから計算されるから，USA税は，株式配当，ストック・オプション，年金基金雇用主負担，そして確定給付年金積立てといった形での報酬を無視する。それが消費の計算に含められるのは，家計がこうした報酬の源泉から実際に現金を引出した場合においてのみである。[4]

しかし，所得税の場合は，こうした報酬は複雑である。雇用主が，給料を50,000ドルから55,000ドルに引き上げる代わりに，被用者に，所定の日に5,000ドルの市場価値を持つ株を供与したり，あるいは特定期間に市場価値より5,000ドルだけ低い価格で株を購入するオプションを与えたり，現在価値5,000ドル分だけ確定給付年金を増額したりすることを想定してみよう。経済学者の大半が，これらすべてがその年の所得であることに同意する。

しかし，これらのどれひとつをとってみても，被用者に対する直接の現金

払いを含むものはなく，そのいずれも5,000ドルの現金支払と完全に等価とはいえない。株価はそれが供与された瞬間から上下するかもしれない。オプションは，特定日までに行使されなければならず，被用者による現金支出を要するかもしれない。年金給付の約束は満たされないかもしれず，その現在価値を計算するのに適した利子率が論議の対象になる可能性がある。このように，上記のそれぞれを5,000ドルの現金給与と等価であると扱うことは現実味に欠けるが，そうかといってこうした被用者報酬を無視すれば現実味はさらに小さくなる。

現行所得税はこうした形の報酬と悪戦苦闘している（**Phillips and Cramer, 1993**）。株式配当は通常は非課税である。ストック・オプションにはキャピタル・ゲインの扱いを受けるものがある。その場合，オプションが与えられ，行使される時点では税は課せられず，株が売却される時点でキャピタル・ゲイン税が課せられる。それ以外のストック・オプションは，株の公正な市場価値の確認が容易ならば，それが供与される段階で課税されるが，そうでなければ，被用者がオプションを行使して株を購入する時点で通常の所得として課税され，株が売却される時点でさらにキャピタル・ゲイン税が課せられる。年金は給付が支払われるまで非課税である。

所得税の場合，報酬は，その形態によって課税上の取扱いが異なり，そしてその課税取扱いは，理想的な所得税の措置からかけ離れていることが多い。この場合，ロビー活動や政治活動が問題なのではない。それはこうした所得形態に固有の性質なのである。

貯蓄

USA税論者は，USA税の場合，家計貯蓄が簡素であると主張する。貯蓄は，どんな目的であれ，どんな形態であれ，またどれほどの額であれ，すべて課税標準から除外される。貯蓄が家計のキャッシュ・アウトフローを伴うものである場合（例えば株の購入），それは控除される。また，貯蓄が資産の市場価値の上昇によるものである場合，それは，売却されない限り消費のキャッ

シュ・フロー計算に入れられることはない。しかし，所得税の場合，貯蓄は複雑である。以下では，まず理想的な所得税における貯蓄について，次に現行の所得税における貯蓄について考察することにしよう。

理想的な所得税の下では，所得は，それが消費されようと貯蓄されようと，すべて課税されなければならない。しかし，そのためには貯蓄所得が，例えば未実現キャピタル・ゲインや被用者非現金報酬のように現金取引を伴わない形をとっても，それに課税することが必要である。このように，理想的所得税を成功裡に実現することは不可能である。純粋に実現が困難であるという理由から，貯蓄所得の形態によっては非課税のままに放置せざるを得ない場合があるのである。

さて，現行所得税に目を向けてみよう。現行所得税の貯蓄の取扱いは，もっと複雑である。それはなぜであろうか。それは，理想的な所得税が退職貯蓄に課税しようとすることに対して，多くの市民がはっきりとそれを拒否するからである。確定拠出年金基金の雇用主負担は，被用者に容易に帰着・課税できる現金取引を伴う。しかし，退職のために貯蓄されるこの所得は免税してもらいたいというのが一般の市民感覚である。**個人退職勘定**（IRA）は，退職貯蓄に対する特別税額控除である。租税優遇措置は，**ケオや401(k)**，そして非課税とされた年金計画を対象としている。私が用いている納税ガイド（**Bernstein, 1995**）は，これらの貯蓄優遇手段を規定する複雑なルールに，500ページのうち50ページもさいている。USA税論者は，USA税の場合であればこの章は必要なくなると指摘している。

より簡素な事業税

USA税論者によると，**事業税**，つまり**仕入控除型付加価値税**は法人所得税よりかなり簡素である。その根拠はロビー活動や政治活動にあるのではなく，課税しようとする対象の固有の性質にある。企業の年間純所得を測ることは困難である。法人所得税は正にそれをしようとしている。仕入控除型付加価

値税はそれをしない。代わりに，財とサービスに対する純キャッシュ・フローへ課税する。この税は，売上げに伴うキャッシュ・インフローから，他企業からの仕入れ（投資財を含む）に伴うキャッシュ・アウトフローをマイナスしたものに課せられる。従って，企業部門全体で見ると，課税標準の総額は粗付加価値マイナス粗投資となり，消費に等しい。

USA税論者は，法人所得税の２つの複雑な面を指摘し，それらは事業仕入控除型付加価値税の場合には，かなり簡素になるとしている。それは第１に減価償却であり，第２に負債資本調達と自己資本調達の関係である。

減価償却

減価償却はUSA事業税の課税ベースには無関係である。投資財に対する支出は即時に控除される。すなわち「費用として計上される」のである。仕入控除型付加価値税は，企業の年間純所得を測ろうとしない。したがって，それは減価償却の測定も必要としない。

これと対照的に，法人所得税は，各企業に年間純所得の算定を要求する。それには，当該年に売却された財の費用を算定しなければならない。これには，その年の実物資本の経済的減価も含まれる。しかし，こうした減価は現金取引を伴わない。それは推計という形をとらざるを得ない。企業に対しては，減価分として控除できる額を規定する規則を定める必要がある。

この規則を簡素なものにしようとすると，認められる控除がある資本財については真の経済的減価よりも大きくなり，他の資本財については小さくなるであろう。この差は，企業に対して，特定の資本財を購入し，他を購入しないという人為的なインセンティブを与えることになろう。ある産業では，この規則が経済的減価を過小評価する結果，純所得が過大評価され，過剰に課税される。逆に，他の産業では，この規則が経済的減価を過大評価するために，純所得が過小評価され，課税が過小となる。こうした結果，産業間に資本のミス・アロケーションが生じる。つまり，もっぱらこの不完全な減価償却規則のために，限界生産性が高い産業から，限界生産性が低い産業へ資

本が流れてしまうのである。

　もちろん，個々の資本財を適切な資産分類項目に割り当て，それぞれの分類項目に対して経済的に正確な減価償却規則を規定するというように，非常に複雑な減価償却規則を作ることによって，そうした経済の無駄を減少させるよう試みることはできる。こうした手法をとるためには，IRS が，さまざまな種類の資本財について，減価償却パターンの推計研究を利用しなければならない。しかし，こうした研究に基づく複雑な規則でさえ，資本のミス・アロケーションを大きく減少させる保証はない。その結果は，多くの複雑さを加えるだけで，経済の無駄を大幅に減らすことにはならないだろう。

負債資本と自己資本の関係

　USA 事業税の場合は，負債資本調達や自己資本調達によるキャッシュ・インフローも，利子や配当を支払うためのキャッシュ・アウトフローも，（金融機関を除いて）課税標準には無関係である[5]。そして資本調達方法の選択が課税標準と関係ないために，負債資本や**自己資本**に対する偏向や忌避といった歪みが生じないのである。

　これとは対照的であるが，法人所得税では，原則としては，当該年に売却された財の費用に含まれる資本費用や労働費用は控除される。ところが，現行法人所得税は，負債資本費用，つまり利子支払いの控除は認めるが，自己資本費用の控除は認めていない。どうしてこのような不公平な扱いをするのか。

　負債資本の現金コストは企業の裁量の範囲にないが，自己資本の現金費用は企業の裁量に任される部分があるというのが，その理由のひとつである。企業は，同意した現金利子を支払わなければならないが，現金配当のほうは調整の余地がある。本当ならば，実際の配当とは無関係に，企業が自己資本費用を推計する規則が定められなければならない。しかし，現行法人所得税はこうした推計を拒否し，単純に自己資本費用に関する全ての控除を認めない。これは簡素な解決方法であるが，企業に負債への偏向を促し，自己資本

調達を避ける方向に歪みを与える。

インフレーション

　USA税論者の議論によると，**インフレーション**の扱いがUSA税のもとでは簡素である。家計税も事業税も，課税標準を算定するのに現在のキャッシュ・フローを用いる。インフレーションが深刻な問題を生じさせるのは常に，現在のキャッシュ・フローと過去のキャッシュ・フローとを比較する必要がある場合である。しかし，USA税の場合は一般に，こうした必要は生じない。これに比して，所得税はこうした比較をする必要に悩まされる。USA税論者は，2つの主な例を指摘する。すなわち，家計所得税の下でのキャピタル・ゲインと，法人所得税の下での減価償却である。

インフレーションとキャピタル・ゲイン

　未実現の**キャピタル・ゲイン**に毎年課税することは，実現困難である。現行所得税の下では，**株**が売却されるまで課税は繰延べられる。キャピタル・ゲインは，売却年に過去のキャッシュ・フロー（購入価格）から現在のキャッシュ・フロー（売却価格）を差引くことによって算定される。インフレ率がたとえ低率であっても長期にわたる場合には，現在のキャッシュ・フローと過去のキャッシュ・フローとを比較すると，そこにかなりの開きが生じるであろう。

　例えば，20年前に1,000ドルで株を購入し，それを今日1,806ドルで売却する場合を考察しよう。もし，毎年のインフレ率が20年間を通じて3％だけであったとすると，今日の1,806ドルは，実物財・サービスに対して，20年前に1,000ドルが持っていた購買力よりも大きな購買力を持つわけではない。[6]しかし，現行所得税の場合，家計は今年，806ドルに対して納税義務を負うことになる。課税標準に算入されるのは，実質（インフレ調整後）所得ではなく，

現在のキャッシュ・フローと過去のキャッシュ・フローを組み合わせることによって算定される名目所得である。

インフレーションと減価償却

毎年の経済的減価を正確に測ることは実現困難である。現行法人所得税の場合，企業が個別の資本財の**減価償却**をどれだけ控除できるかは法律で決められている。控除額は，財の取得価額と法律が指定するその財の耐用年数に基づいて算定される。たとえば，財の費用が1,000ドルで，法律が指定するその財の耐用年数が20年の場合，定額償却法を用いた場合，毎年の控除額は50ドルになる。

この資本財が20年使えることに変わりはないが，今度は耐用年数の期間中，年々3％のインフレに見舞われるとしよう。その場合，その資本財を今日買うとすれば1,806ドルかかるので，それに対応する減価償却は，およそ90ドル（1.806×50ドル）となろう。この資本財によって生産される財から今日得られる収入は，20年前の同じ財から得られる収入のおよそ1.806倍となる。それにもかかわらず，現行法人所得税の下では，法人が減価償却のために控除できるのは，50ドルに過ぎない。このように現在のキャッシュ・フローと過去のキャッシュ・フローを組み合わせることは，明らかに企業純所得計算に歪みを与えるのである。

インフレーションの歪みは取り除くことができるか

所得税のもとでインフレーションの歪みを取除くことは容易なように見える。キャピタル・ゲインと減価償却に関しては，取得価額をインフレーションの分だけ上方に調整することによって，現在のドル収入を，インフレ調整後の取得価額に結びつけることができる。上述したキャピタル・ゲインの例では，1,000ドルではなく1,806ドルが株の売却価格から差引かれることになる。減価償却の例では，50ドルではなく90ドルが控除されることになろう。

現実には、同じ理由から、インフレーションの歪みを除去することは難しい。つまり、効率を改善するためには、インフレ調整は、インフレーションによって歪みを受けるすべての品目をもれなく網羅する包括的なものでなければならないのである。品目によって調整したり、調整しなかったりでは、全体の歪みはかえって増加するであろう。特に重要なのは、名目利子費用でなくインフレ調整後利子費用を控除対象にすべきであるということである。それはなぜだろうか。

ゼロ・インフレの状況で、ある人が、4％のキャピタル・ゲインを生む1,000ドルの株を購入する機会を得るが、そのためには借入れなければならず、その利子率が5％であるとする。この人は、これを拒むであろう。拒否することが経済的に効率的である。その資金は、投資からもっと高い収益を生むことができる他の企業に配分されるほうがよいからである。

インフレーションが3％の場合は、名目キャピタル・ゲインも名目利子費用もほぼ3％高くなるであろう（それぞれ7％と8％となる）。キャピタル・ゲインがインフレ調整されるならば、4％すなわち40ドルだけが課税されるであろう。もし限界税率が40％であれば、税額は16ドルであり、その人の手元に残るのは54ドル（70ドル－16ドル）である。利子費用もインフレ調整される場合、5％すなわち50ドルだけが控除対象とされる。それは20ドルの租税節約を生むので、利子費用は60ドル（80ドル－20ドル）となろう。利益が54ドルで、費用が60ドルであるから、この人はやはりこの投資を拒むであろうし、そのほうが経済的に効率的である。

しかしながら、控除されるのが依然として名目利子であるとすれば、8％もしくは80ドルが控除でき、32ドルの租税節約が生まれるから、利子費用は48ドル（80ドル－32ドル）だけになる。利益が54ドルであるのに対し費用が48ドルなので、今度は株を購入する決断をするであろう。この場合、資金は経済的に非効率な投資に投入されることになる。こうして、利子費用の調整をしないで、キャピタル・ゲインだけを調整すれば、経済に新たに大きな非効率の源泉が持ち込まれることになろう。

McLureは、1984年「財務省Ⅰ」税制改革案を監修したが、後に国税協会

(National Tax Association)の会議に対して、この提案の実現可能性について悲観論を表明した（1988, p.308）。

　インフレ調整の要求を処理するには、基本的に2つの確かな手法が考えられる。ひとつは課税所得を算定するのに用いられる所得計算書において、いくつかの項目を選択して調整することである。たとえば、利子所得や利子費用、キャピタル・ゲインやロスを計算するのに用いられる資本資産の取得原価、償却資産（あるいはこれに類した資産）の取得原価、財の在庫費用などである。これは財務省Ⅰに従った手法である。この形のインフレ調整は次の理由だけからしても包括的であるとは思えない。すなわち、利子を負担することのない貨幣のような金融請求権や、インフレ率以下の利子率しか生まない金融資産に対して調整が行われることはありそうもないということである。

　チリで用いられているのは、一層複雑な手法である。それは、貸借対照表に対してインフレ調整を行い、しかる後にそれらを所得計算に反映させるというものである。この手法は、所得のかなり正確な尺度となるけれども、所得項目の調整に基づく手法よりも相当に複雑である。その原因のひとつは、そのような貸借対照表の調整を含むことにある。実際、大抵の個人については、それぞれに応じた尺度が用いられていて、包括的な手法は、大企業やおそらく裕福な個人にのみ適用されているようである。

　これら2つのアプローチの詳細に焦点を当てる必要はない。ここでの目的に重要な教訓は、インフレ調整が、所得税の複雑さを目に見えて大きくするであろうということである。基本的な所得税が（インフレーションがない場合でさえ所得の正確な尺度になっていないという意味で）不備である場合は特にそうである。利子配分措置のように、インフレ調整を規則化するという考えや、消極的損失（passive losses）の控除を制限することは、おそらくこの分野の多くの人々の胸中に不安を抱かせるだけであろう。

所得税固有の複雑さ

　Andrews（1974, p.1140）は、実践上の理由からキャッシュ・フロー消費税への転換を支持して、以下のように述べている。

しかしながら，個人所得税のもっとも厄介な問題の多くは，直接的には，資産蓄積の取扱いがハイブリッドの性格を持つことから生じている。企業分割や再編がたとえば個人納税者のレベルで複雑になっているのは，すべてここで論じられる問題と関連している。つまり，実現と非認定，取得原価確定とその原価補塡，キャピタル・ゲインか通常所得かの扱い，借入資本の取扱いである。分割払いの販売の場合のような比較的簡素と思われるその他の規程は，基本的に租税繰延べや非認定と関連している。企業トラストやパートナーシップの規程は，個人がキャピタル・ゲインを認定する時点や，それがキャピタル・ゲインなのか通常所得なのかどうかを規定する複雑な問題を含んでいる。特に，パートナーシップの措置には，取得原価の確定やその原価補塡およびパートナーシップ借入れの取扱いにかかわる非常に複雑な規程が含まれている。適格年金や利潤分配方式の問題はすべて，基本的には租税繰延べ問題であり，ストック・オプション方式のようなその他の報酬スキームはキャピタル・ゲインの認定を繰延べて，認定が行われるときにキャピタル・ゲイン扱いを確実にするように構想されている。税理士や税務行政官（教師や学生，立法者や納税者自身のことを言っているのではない）の時間の大半を占めている問題の多くは，課税所得に実物資産蓄積を含めるかそこから除外するかに関して，一貫した包括的な措置が講じられていないことから直接生じている。

McLure（1988, pp.304-307）は，財務省での所得税改革の試みを回想して，次のように述べている。

私は，すべての実質経済所得に一様にかつ矛盾なく課税しようとする場合に生じる固有の複雑さに焦点を当て，所得よりもむしろ消費をベースにした直接税という選択形態を真剣に考えはじめるべきであることを示したいと思う（後略）。

われわれは，租税特別措置について，「それはタイミングの問題に過ぎない」，つまり，同額の租税が後で（あるいは早く）支払われるに過ぎないと言われているのをしばしば耳にする。こうした話は，所得税や租税回避の特質を基本的に理解できてないか，あるいは他人に理解させないよう望んでいるかの表れである。所得税は理論上，事業や資本から生じる所得にその発生時に毎年課せられることになっている。所得税が繰延べられれば，その間の繰延べ課税標準を元に利子（あるいは他の資本所得）が稼得される。減価償却引当てのような租税特別措置が注目されるのは，租税立法分野において行われる租税計画やロビー

活動の大半が，上述の単純な真実に基づいて行われているという事実の有力な証拠である（後略）。

最終的に，これらの問題やその他のタイミング問題を満足いく形で扱おうとして，原則的に所得をかなり正確に算定できたとしても，絶望的に複雑なシステムを作ることになってしまう。こうした問題は，インフレ調整を考える以前の問題である。

簡素化の展望

USA税論者が所得税の複雑さに対して非難の声を向けるとしても，USA税が利用可能な最も簡素な税とは言えないという譲歩を繰返し強調することが大切である。実践上のオプションについて述べた本章は，たとえ最適に取扱っても，複雑さをもたらす問題がいくつかあることを明らかにしている。S表を撤廃すればUSA税は大幅に簡素化されるであろう。これがUSA税設計者にとって最も優先すべきことである。しかし，S表を取止めたとしても，複雑さの全てがなくなるわけではない。最後に，USA税が施行された場合，ロビー活動や政治活動は，ある程度犠牲にされざるを得ない。

簡素化ではなく，累進を犠牲にしないで国民貯蓄や投資を高めることが，大半のUSA税支持者の主な目的である。USA税論者は大抵，簡素化については控えめな主張をするだけである。彼らは，USA税が特にその事業部門で，実際上，所得税よりも複雑でない結果になると論じるだけである。家計部門に関しては，S表が残されてUSA家計税が個人消費税から乖離していくとすれば，元も子もなくなるというのが彼らの主張である。しかし，もしS表をもたらす意思決定が逆転して，S表が撤廃されれば，結果的に生じる個人消費税は，個人所得税と比較してあらゆる点で簡素になることはかなりの妥当性をもとう。

第6章　Q ＆ A

なぜ「USA」税と呼ぶのか

　USA 税の下では，各家計は無制限（Unlimited）貯蓄（Savings）控除（Allowance）を受けることになる。これは，現行の所得税での上限や制約のある複雑な退職貯蓄控除とは対照的に，各家計がいかなる目的であろうと何ら制限なく，貯蓄のすべてについて控除を受けることが可能であることを意味しているのである。

USA 税とは何か

　USA 税には2つの構成要素がある。1つは家計税であり，もうひとつは事業税である。家計税は現行の家計所得税と置き換えられる。事業税は法人所得税と置き換えられるが，法人だけでなくすべての事業に適用される。家計税は税収のうち約80％を，事業税は20％をあげる。これらは，現行所得税と同様の比率である。
　USA 家計税は累進的個人消費税をその理想と考える。家計の貯蓄のすべてが控除される。すなわち現行所得税の下で，貯蓄控除が上限や制約付けられ，複雑になっており，退職と関連付けられといるのとは対照的に，各家計は無制限貯蓄控除を得るのである。
　USA 事業税は消費タイプの控除型付加価値税をその理想と考える。同税では，資本財へのすべての事業投資（例えば，機械やコンピューターなど）が購入した年に即時控除され，これに対して現行所得税の下では財の耐用年数

を通じて事業投資が漸次控除される（「減価償却される」）のである。これは現行の所得税からの大きな変更点である。

USA家計税は累進的個人消費税なのか

USA家計税は累進的個人消費税である。貯蓄の全てが控除されるため，各家計はその消費に応じた累進税率で課税される。累進的個人消費税である家計税の（4月15日を期限とする）毎年の申告書において，まず各家計はキャッシュ・インフロー（賃金，給与，利子，配当，そして株式や債権からの売却益など）を合計し，非消費のキャッシュ・アウトフローを差引くというものである。その残額は消費である。次に人的控除と家族手当を差引いた後に，課税消費額に対して税率表に規定されている税率を適用し仮の税額を得る（USA税の下では，新しい賃金高税額控除と可能であればさらに給与所得税額控除を適用して実際の純税額を得る）。

1995年のUSA法案は，その細部において，いくつか個人消費税と異なる点がある。本書のテーマの1つは，USA税の問題の多くが，個人消費税の構想から乖離した時に生じているという点にある。それゆえに私は，1995年法案を修正し，個人消費税の構想に立ち戻ることを勧告しているのである。

USA税は多額の貯蓄をすることができる富者を有利にすることはないのか。

有利にはしない。（USA税収の80％をあげる）USA家計税は，累進税率を用いた累進消費税であるが，その税率は，各所得階層が，現行の所得税の下で支払っているのとほぼ同じ総税収額を支払うように調整されている。

実際，もし税率が調整されなければ，つまり，USA税が単純に現行の所得税の税率とブラケットをそのまま用いれば，USA税は確実に富者を優遇することになるであろう。富者は，大きな貯蓄控除を得て，そのために大きな減税を享受できる。これに対して，多くの低所得家計はいかなる貯蓄控除もすることができず，それゆえに以前と同じだけ税を支払うことになる。しかし

その場合に，政府が得る税収の総額は減少し，そして予算不足はさらに悪化するであろう。したがって税率は，税収の総額がほぼ同じとなるよう調整されなくてはならない。

ひとたび税率の調整が必要であることが分かれば，税収の調整がいかにして富者への優遇を回避するのか明らかとなる。富者は多額の貯蓄をする能力があるため，彼らが支払う総税額を同じに保つためには，税率の上昇は大きくなければならない。低所得家計はわずかしか貯蓄をしないため，彼らが支払う総税額を同じに保つためには，税率の上昇はわずかでなければならない（場合によっては全く上昇すべきではない）。これは USA 税が行っていることそのものである。USA 税は税収の総額を同じとするだけではなく，各所得階層から同じ税収を得るのである。

当然のことながら，これは個々の家計が同額の税を支払うことを意味しているのではない。各所得階層内で，貯蓄が平均を上回る家計はより少ない税額を支払うことになり，他方で貯蓄が平均を下回る家計はより多い税額を支払うことになる。所得階層全体では同じ総税額を支払うことになる。これは USA 税が総貯蓄を引き上げる理由の1つである。すなわち USA 税は，各所得階層内において，高い貯蓄の家計の手元に，より多くの課税後所得を残すのである。

対照的に，他のすべての消費税は多額に貯蓄をする能力がある富者を確実に優遇する。売上税と付加価値税は，すべての企業に課せられ，企業がより高い価格を通じて消費者へ負担させる。これらの税は各家計の消費水準に応じて税率を変えることができない。フラット税はその税収のほぼ半分を事業税から得る。残り半分の税収は家計税から徴収されるが，これは累進税率を用いない。このように他のすべての消費税は，富者から貧者へ税負担を移転させるのである。

USA 税以外の消費税を提唱する者の大半は，経済的に成功した家計に対する現在の負担が過大であり，不公正であると見なしているため，この移転は公正であると考えている。USA 税の提唱者は，とりわけ近年において所得格差が広がっていることから，現在の税負担配分の公正さは妥当であり，富者

から税負担を移転することは不公正であると考えている。

このように USA 税は，他のすべての消費税と異なり，大きな累進を実現し，富者から貧者への税負担の移転がおきないことを確実にするため，累進税率を用いた消費課税となっているのである。

USA 税の目的とは何か

その主な目的は，累進性や公正を犠牲にすることなく合衆国経済の貯蓄（投資）率を引き上げることである。合衆国は，数十年の間，国際水準に比してとても貯蓄（投資）率の低い国であった。粗貯蓄率に関して合衆国は，1960年代から，23カ国の OECD 加盟国の中で20番目に位置づけられている。合衆国の粗貯蓄率はトップである日本の半分に過ぎない。さらに，われわれの純貯蓄率は，1970年代では9％であったものが，1980年代には5％となり，1990年代には3％にまで低下している。貯蓄は施設・設備・技術への投資を賄うのに必要であるため，もしわれわれの貯蓄率が他の経済先進国に比して大幅に低いままであれば，やがてわれわれは，これらの国に比べ，より少ない1人当り産出量を生み出すようになり，より低い生活水準を経験することになるということに，多くの経済学者の意見が一致している。

われわれの貯蓄が少なすぎるのか，もしくは他諸国の貯蓄が多すぎるのか

われわれの貯蓄が少なすぎるという格好の例があげられる。われわれの貯蓄率は歪みのない自由市場での個人の選択の結果ではない。われわれの所得税は貯蓄控除を設けず，貯蓄収益すなわち資本所得（利子，配当，キャピタル・ゲイン）にまで課税することで貯蓄を阻害している。われわれの社会保険プログラム（社会保障，医療保険，雇用保険）は，有益な保険保護や安心を与える一方で，人々の貯蓄を抑制するという負の効果も持ち合わせている。連邦予算の赤字は国民貯蓄を減らしているが，それは必ずしも各市民の選択を反映していない。さらに，高い貯蓄率は，市民が価値を認める「公共財」

を作り出す。それは，技術進歩を通じてもたらされる，より高い国際順位，低賃金労働者の貧困減少の加速，「人類の向上」への貢献などである。それにも関わらず，各個人はこれらの公共財のために貯蓄をするというインセンティブを持ち合わせてはいない。これは，自己の福利の為に行う貯蓄が少なすぎるという極めつけの例である。

USA 税は貯蓄を促進する唯一の税なのか

唯一ではない。貯蓄や投資を促進する税には他にも，州の売上税や付加価値税，そしてフラット税といったものがある。しかし，これらの税は，現行の所得税に比べ累進度が非常に低い。これらはすべて，富者にとっては大きな減税を，貧者にとっては増税をもたらす。こうした税の提唱者は，それらが公正であると信じているが，USA 税の提唱者はそうではない。USA 税は対照的に，貯蓄と投資を促進しつつ累進性を維持するために，累進税率，給与所得税額控除，そして新しい賃金高税額控除を用いる。

USA 税は本当に貯蓄を引き上げるのか

USA 税は次の3つの理由で引き上げる可能性が非常に強いと思われる。すなわち，インセンティブ効果，水平的再分配（異質性）効果，そして繰延べ効果である。それぞれを順に論じてゆくことにしよう。各人は貯蓄のすべてが今控除されるために貯蓄に対して強いインセンティブを持っている。富裕層の中で多くを貯蓄する者は減税そしてより多くの可処分所得を享受することができる一方で，わずかしか貯蓄をしない者は増税に苦しみ可処分所得は少なくなる。低貯蓄者から高貯蓄者へ可処分所得を水平的再分配することは，富者の総貯蓄がより大きくなるという結果をもたらす。最終的に，消費が所得を超えることが多い退職後のライフステージまで課税が繰延べられ，これが労働ステージ期間にさらに多くの貯蓄を可能にするのである。

今日の所得税の下で，家計は，こうした租税優遇を得るため，貯蓄を退職

まですすんで「封じ込め」るであろう。これとは対照的に，個人消費税の場合，不本意な「封じ込め」をせずとも貯蓄の税控除を得ることができる。毎年，家計は納税申告書を目にするとき，内国歳入庁からの「どんな目的であろうとその額に関らずすべての貯蓄は税控除となる」という単純なメッセージを受け取るであろう。家計はこの単純な新しいメッセージを理解しているために，総貯蓄が増加するものと思われる。

貯蓄率が上昇するとわれわれの暮らし向きはどのくらい向上するのか

われわれの粗民間貯蓄率は15%から18%へと徐々に上昇することで，これから毎年，最終的にはこれまでと比して1人当たりの産出量が10%そして1人当たりの消費量（生活水準）が6%上昇すると予想される。当然のことながら，短期的には犠牲が生じるものの，それはわずかなものであり，期間も10年以下である。その後，暮らし向きは永久的に良くなるであろう。われわれの犠牲に対する収益率はおよそ13%となる。20年以内に，これまでと比して低い教育水準の労働者の賃金は4%，高い教育水準の労働者の賃金は9%上昇するであろう。

しかし，貯蓄率の上昇により景気後退は生じることはないのか

貯蓄率が徐々に上昇するのであれば，景気後退は生じない。今日，実質産出，消費，そして投資は通常，毎年およそ2.5%伸びている。われわれは5年間の移行期を想定している。この期間中に，消費財生産の成長はより緩慢となり（例えば1.5%），投資財生産はより速く成長する（例えば6%）。その結果，産出の成長が2.5%に保たれ，失業率も一定に維持される。消費財部門の仕事はますます少なくなるであろうが投資財部門の仕事はますます多くなる。こうして，雇用を維持しながら生産部門を移る労働者も出てくるであろう。

この5年間の終わりには，（民間と政府をあわせた）投資の総産出に占める比率は上昇し（例えば，20%から24%へ），消費の比率は縮小するであろう（例

えば，80%から76%へ）。しかる後に，消費財と投資財は同率で成長することができる。その率は，移行期における高い投資の成長により達成される高い資本ストックのために，長期間2.5%を若干上回るであろう。

5年間で，USA税はより緩慢な消費成長をもたらし，連邦準備制度はより急速な投資成長を誘引する。連邦準備制度は，事業の経営者に投資財の発注を促すのに十分なだけ利子率を下げ，投資財生産が加速するように刺激することで，誘引を実現させるのである。総需要（消費に投資を加えたもの）と総産出が，通常2.5%で成長する状態が続くであろう。こうして，失業率が一定に保たれ，景気後退が回避される。

当然のことながら，USA税は，消費成長の低下が緩やかでありながらプラスを保つ（例えば，2.5%から1.5%へ）ことを確実にするため段階的に導入されるべきである。USA税の段階的導入方法については第4章で論じられた。

USA税は所得税と比してより良いものなのか

USA税提唱者が**所得税**と比してUSA税がより良いと考える理由は以下のとおりである。USA税は貯蓄と投資を促進するが，所得税はそうではない。家計税申告書に関して，USA税の下ではすべての貯蓄が控除されるが，現行の所得税の下ではいくつかの退職貯蓄控除があるのみである（そして，厳密な所得税の下では，控除はないのである）。USA税の下では人的資本への投資（高等教育授業料）が控除されることがあるが，所得税の下では控除されない。事業税申告書に関して，USA税の下ではすべての投資が即時控除されるが，所得税の下では投資は徐々に減価償却されるのみである。つまりUSA税は経済に対してより高い貯蓄（投資）率を達成し，それ故に将来の生活水準を向上させるであろう。

USA税は所得税を悩ませている重要な矛盾を解決する。所得税の下では，貯蓄の推進派は，しばしばキャピタル・ゲインのようなある種の資本所得に対して税率を減じることを提案する。キャピタル・ゲインによって消費が賄われるのであれば，消費の多い富者がごくわずかしか税を払わないで済ます

ことを許してしまうとして，これに異を唱えるものが多い。しかしUSA税の下では，消費の多い者はいかなる手段で賄われようとも常に多くの税を支払うが，すべての家計は貯蓄控除により貯蓄を促進される。

　USA税提唱者は，概ね所得によって計測される産出を通じた経済のパイへの貢献よりも，むしろ経済のパイから自己の楽しみ，つまり消費のために引き出す額に従って各家計に課税するほうが，より公正であると論じている。USA税はその所得ではなく，その消費に対して累進税率で課税する。

　消費は所得に比して，低所得ではあるが多くの資産を持つ退職者の支払能力を測るには適している。実際のところ，倹約家にとって消費は，支払能力を測るには適さないが，倹約家よりも退職者の方が数が多いのである。その上，倹約家は経済のパイからほとんど引き出さず，消費できたであろう資源の大半を他者の消費や企業の投資のために残す。

USA税は州の売上税や付加価値税と比してより良いものなのか

　USA税提唱者が州の**売上税**や付加価値税と比してUSA税がより良いと考える理由は以下のとおりである。USA税は累進的であるが，州の売上税と付加価値税はそうではない。USA税は3つの理由から累進的である。第1に，累進税率を用いることであり，その税率は家計の消費水準に応じて上昇する。第2に，低所得家計に対して勤労所得税額控除を維持している。第3に，低所得家計の社会保障税の負担を相殺するため新しい賃金高税額控除を導入する。

　対照的に，売上税と付加価値税は現金支払い時に，すべての家計に対して同じ税率で暗黙のうちに課税することが織込み済みである（価格内に税が含まれている）。例えば税率が20%であれば，富者でも貧者でも，すべての家計は消費の20%に対して同じように負担を負う。実際のところ，売上税や付加価値税は様々な方法で低所得家計の負担を減じようとしているのかもしれない。しかし第3章で示されたように，両税とも富者からそうでない者へ税負担を再分配するであろう。

USA税はフラット税と比してより良いものなのか

　USA税提唱者が**フラット税**と比してUSA税がより良いと考える理由は以下のとおりである。フラット税はある程度累進的であるが，USA税は3つの理由からそれ以上に累進的である。第1に，累進税率を用いることであり，その税率は家計の消費水準に応じて上昇する。第2に，低所得家計に対して給与所得税額控除を維持している。第3に，低所得家計の社会保障税の負担を相殺するため新しい賃金高税額控除を導入する。実際のところ，フラット税は低所得家計に対する人的控除により最低所得層をある程度保護することを実現させている。しかしこうした保護の程度はUSA税より低い。というのは，USA税は，依然として，給与所得税額控除を有しており，さらにこれらの家計に対する賃金高税額控除を新たに導入している。

　累進性は最高所得層においてUSA税の方が非常に大きい。なぜなら，フラット税はすべての家計へ家族手当を超えた部分に対し単一税率（約20%）を適用するが，USA税は現行所得税と同様に累進税率を用いるからである。例えば，合衆国財務省の推計によるとフラット税へ移行することで，最高所得層の1%（1996年に349,000ドル超の所得）が36%も，最高所得層の5%（145,000ドル以上の所得）は21%，最高所得層の10%（109,000ドル以上の所得）は14%の減税を享受する。フラット税は所得税と同じ税収をあげなければならないため，貧しい家計は増税に苦しむであろう。対照的に，USA税の累進税率は富者からも貧者からも現行所得税とほぼ同じ税額を徴収するよう設定されている。豊かで高い貯蓄者は少ない税を支払うが，豊かで低い貯蓄者はより多くの税を支払うことになるであろう。

　USA家計税の申告書はフラット税の家計申告書に比して，おそらく多くの市民にとってより公正にみえるであろう。USA家計税申告書はすべてのキャッシュ・インフローを合算することを要求し，資本からか労働からかを問わず消費を賄うすべての財源が含まれる。対照的に，フラット税の家計の申告書はすべての資本所得を除外する。フラット税提唱者は資本所得がすでにその

源泉つまり事業会社のところで課税されていると論じているが，家計申告書が労働所得を含めるのであれば，資本所得も含められるべきであると多くの市民は感じているために，そのような所得はその源泉のところで単一税率ではなく累進的に課税されるべきである。

税は控除されるのか

次の3つの理由により税は控除されない。第1に，租税はしばしば消費アウトフローとなる。なぜなら租税はほとんど公共サービスの消費を賄うために用いられるからである。第2に，税を控除しないこの取扱いは，州や地方政府による租税の選択の歪みを回避する。第3に，市民は州や地方政府のサービスの総費用を負担しているために，彼らは公共サービスを選択する際は便益と総費用を比較する。

いかなる貯蓄も控除されるのか

貯蓄はすべて控除される。貯蓄には預金口座や投資ファンドへの現金の預け入れ，株式や債券の購入，家計の年金基金への保険料，退職基金や生命保険が含まれる。USA税が各家計の消費に課税されるように修正されるのであれば，すべての非消費のキャッシュ・アウトフロー（支払った税や源泉徴収を除く）は控除されるようになる。例えば（1995年法案で控除不可能であった）不動産の購入は控除される（ただし持家は除かれる。これは以下で説明されているように，他の消費者耐久財同様に扱われる）。

家計は納税申告書において投資ファンドの市場価値の変化を算入する必要があるのか

その必要はない。投資ファンドへの現金の預入れまたは引出しのみが家計税の申告書へ記載される。家計税の手法は現金を追うことである。貯蓄のキャッ

シュ・インフローは算入され，貯蓄へのキャッシュ・アウトフローは控除される。残ったものは消費へ向けられるはずである。故に，実際の家計のキャッシュ・フローのみが問題となるのである。ポートフォリオの価値の変動は問題とならない。

USA家計税の税率は高過ぎないか

 USA税の税率は現行所得税の総税収と同額を徴税でき，各所得階層の税負担が同じとなるよう設定されている。貯蓄控除があるので，同一の税収を達成するための税率は，所得税の下でのものよりも高くなるに違いない。その差は，貯蓄の僅かな貧しい家計では小さいものであるが，所得に占める貯蓄の割合が大きい豊かな家計では大きなものとなる。

 いくらかでも税率が高くなれば，現在消費を賄うために人々が働くことに対して阻害効果がもたらされるかもしれない。しかし，租税を後の人生に繰延べすることができることから，将来消費を賄うために人々が働くことは奨励されるであろう。そして，贈与や遺産を通して受贈者の生活保障を提供するために人々が働くことは，受贈者が実際に消費するまで課税が繰延べされるため，奨励される。

 新たな賃金高税額控除により，40%のUSA税率は32.35%の所得税と同じ効果を持つ（32.35%＝40%－7.65%　ここでいう7.65%とは従業員の賃金高税の税率である）。賃金高税の上限（1995年では61,200ドルである）以下の所得を持つ者が，賃金所得でさらに100ドルを稼ぎ，それを全く貯蓄しないと想定してみる。7.65%の賃金高税と32.35%の所得税の税率の下で，その者は所得税については32.35ドル，賃金高税については7.65ドルを支払う。つまり租税として40ドルを支払い，60ドルが手元に残ることになる。税率40%のUSA税の下では，その者は，賃金高税については7.65ドル，賃金高税額控除後のUSA税については32.35ドルを支払う。つまり租税として40ドルを支払い，手元には60ドルが残る。賃金高税が控除されるため，（賃金高税の上限を下回っている納税者の場合），USA税の税率は所得税の税率よりも7.65%低いのと

同様の効果を持つ。

USA 税は新しい考えなのか

　新しい考えではない。所得ではなく消費に応じて各家計に課税するという考えは，半世紀前から著名な経済学者たちによって提唱されてきた。1970年代の，合衆国財務省の *Blueprints for Basic Tax Reform* と財政研究所の *The Structure and Reform of Direct Taxation* という2つの報告書は，家計消費（支出）税が実践的かつ望ましいものであると結論づけている。1970年代以降，多くの経済学者は所得税から個人消費税への転換を支持しており，その支持者として **David Bradford**（プリンストン大学），**Martin Feldstein**（ハーバード大学），**Lester Thurow**（マサチューセッツ工科大学），**Lawrence Summers**（ハーバード大学），**Michael Boskin**（スタンフォード大学），そして **Kenneth Arrow**（スタンフォード大学）があげられる。

USA 税は党派的な考えなのか

　1995年の USA 税法案は，共和党の **Domenici** と民主党の **Nunn** と **Kerrey** によって上院に提出された。上記の経済学者の中には，保守派の者もリベラル派の者もいる。これは偶然ではない。というのは USA 税は租税体系の累進の程度を変えることなく，貯蓄と投資を促進するからである。対照的に，他のすべての消費課税案つまり売上税，（所得税体系の代替としての）付加価値税，フラット税は党派的であり政治的に対立点を持っているように見える。なぜなら，これらは租税体系の累進性を著しく損ねるからである。

USA 家計税は実質的には賃金（労働所得）税なのか

　USA 家計税が賃金税（労働所得税）と同じとはいえない。USA 家計税は累進消費税である。各家計は賃金，利子，配当，株式や債券の売却益を含め

たすべてのキャッシュ・インフローを合算し，貯蓄へのキャッシュ・アウトフローを控除する。ゆえに，家計は賃金（労働）所得ではなく消費に応じて課税されるのである。

USA税が賃金税ではないと理解する最も簡単な方法は，怠け者の受贈者という悪い人物を考えてみることである。この受贈者は，莫大な遺産を相続し，それを毎年高い水準の消費を賄うために費やしており，彼が人生の中で働くことは決してない。賃金（労働所得）税の下では，この怠け者の受贈者は，毎年税を支払う義務を負わない。しかしUSA税の下では，彼は高水準の消費により，毎年多額の税を支払うことになる。彼は毎年株や債権を売却したり，あるいは単にファンドから現金を引き出したりすることで，自分の消費を賄っている。USA税の下では，彼は，納税申告書において，それらのキャッシュ・インフローを合算することを要求される。相殺すべき貯蓄控除がないため，彼は彼自身の消費を表すこれらのキャッシュ・インフローに対して課税されるのである。

それでは，なぜUSA税は実質的には賃金（労働所得）税であると強く主張されるのであろうか。それは類似点が1つあるからである。消費税と賃金（労働所得）税の両税は，所得税により課せられる貯蓄への阻害効果を取り除く。消費税は，貯蓄した年にその控除を認めるが，所得税は認めない。賃金税は資本所得（利子，配当，キャピタル・ゲイン）の免除を認めるが，所得税は認めない。ゆえに両税は貯蓄の収益を高める。

一部の反対者は，どの消費税も「実質的には」賃金税であると主張するために，こうした類似性を利用する。これは巧妙な戦術である。なぜなら，「低賃金ではあるが高水準の消費をする家計が少ししか租税を支払わないのはなぜなのか」と市民の大半が賃金税の不公正さに反発するからである。実際のところ，なぜなのか。事実，これはフラット税が多くの市民を反発させる理由のひとつである。それは彼らが申告書を目にして，そこに賃金所得項目はあるが，投資所得項目がないことに気づくからである。

そこで，賃金税と消費税は1つの側面において類似性を持つが，確実に異なるものであるということを認識して議論を進めてみることにする。ここで，

先の怠け者の受贈者に尋ねてみよう。

USA税の下でキャピタル・ゲインの論争はどのようになっているのか

その論争は存在し得ない。一方では，貯蓄や投資を促進するため，キャピタル・ゲイン所得は所得税の下で低く課税されるべきであると主張される。他方では，それは租税をほとんど支払うことなく高水準の消費を享受する富裕者の存在を許すことになるため，不公正であると主張される。それゆえに政治的な行き詰まりがある。

USA税への転換は，このキャピタル・ゲインの行き詰まりを解消するであろう。家計消費税の下では，源泉がどのようなものであれ所得はそれ自身が課税されることはない。それは消費された場合のみ常に課税される。ゆえに，株式の売却益は，納税申告上キャッシュ・インフローへ加えられる。それが貯蓄額と等しければ，消費が生じないので課税されないが，もし貯蓄をしなければ，そのすべてが消費されたものとなり，そのすべてに対して課税される。そして，消費がどのように賄われようとも，常に累進税率で課税される。

贈与と遺贈はどのように取り扱われるのか

個人消費税の下では，贈与者は供与する**贈与**や**遺贈**に対して課税されるべきではない。なぜなら，これらのキャッシュ・アウトフローは，贈与者による自分自身の楽しみのための資源の引き出しを意味するものではないからである。家計の実際の消費を測るにあたり，すべてのキャッシュ・インフローは合算されるが，これには贈与と遺贈の受け取りが含められる。そしてすべての非消費キャッシュ・アウトフローは控除されるが，これには供与する現金の贈与と遺贈が含められる。各個人が自分自身の便益のために経済のパイから実際に引き出したものへ課税されるべきであるという原則を受入れるのであれば，**遺贈税**と**贈与税**もまた廃止されるべきである。なぜなら，これらの富の移転は実際の消費を伴わないからである。（失われる税収は，富裕者に

対する個人消費税の税率を上げることで，補完されるべきである。）

　1995年のUSA税法案は，この取り扱いに従っていない。1995年法案の下では，贈与と遺贈は無視される。つまり現行所得税と同じ取扱いを受ける。贈与者は贈与を控除できず，受贈者は贈与を除外する。1995年法案は，遺贈税と贈与税に関しては変更をしないと提案している。1995年法案は，ある側面では消費税特有の取り扱いを認めているのである。つまり，最終的な納税申告においては，贈与者が蓄積し，遺産として遺した富に対しては課税しないということである。

大半の消費者耐久財は購入年に課税されるか

　購入年に課税されることになる。典型的な耐久財への支出は控除されないために，事実上購入年に課税されるのである。当然のことながら，実際の価格が1,000ドルの耐久財は，耐用年数の各年により少ない消費総量をもたらす。そのため，この取扱いは「税の前払い」と呼ばれている。つまり購入年には税が過剰に支払われ，翌年以降の各年には過小に支払われる（全く支払われない）。こうした取扱いは，税負担を変えることなく，簡素さを保つ。

消費者耐久財についての例外はあるのか

　例外はある。ローンが耐久財の購入に用いられ，耐久財によって担保されるならば（例として自動車ローン），ローンに等しい購入額に対する税負担は複数年にわたって分散される。これは，家計においてその年の税を計算する際に，ローンやそのあとの返済を無視するだけで，簡単に実行される。つまり，ローンをキャッシュ・インフローに含める代わりにこれを除外し，ローン返済額の控除を認める代わりに控除不可とする。ローンの除外は購入年の税からその額を免除することであり，返済を控除不可とすることは，結局のところ翌年以降の返済に課税するということである。

　ローン返済を控除不可にするということについて，1つの例外が出てくる

であろう。1995年の USA 税法案の下では現行所得税の下と同じように，住宅ローンにおける利子の支払いは控除される（元金の支払いは控除されない）。但し1995年法案については次の点に留意しなければならない。資産税が控除されないこと（いかなる税も控除されない），持家の所有者が家を売却し賃借人になる場合，すべてのキャピタル・ゲインが課税されること（キャピタル・ゲインに関する125,000ドルの現行所得税の除外規定はなくなる），そしてホーム・エクイティ・ローンの利子が控除されないことである。

次のことを明確にしておくことは重要であろう。すなわち，売上税と付加価値税には家計税の申告がないため，こうした分散をすることができない。フラット税には家計税の申告があるが，フラット税の提唱者はできる限り簡素さを保つためローンによる分散を認めない。このように，USA 税は耐久財の税負担を複数年にわたって分散させる唯一の消費税なのである。

「移行前に取得した」資産を二重課税させない方法はあるのか

二重課税させない方法はある。そればかりでなく，USA 税は，二重課税を回避する唯一の消費税である。所得税を支払った後に蓄積してきた「移行前に取得した」資産を持つ者を想定してみる。所得税が維持されたなら，この者は「移行前に取得した」資産を無税で消費に充てることができたであろう。特別な救済が講じられなければ，この消費は課税される。例えば，売上税，付加価値税，フラット税の下で，この者は消費者財の価格が高くなることを通して税を負担するであろう。

1995年の USA 税法案の場合，50,000ドルもしくはそれ以下のすでに課税された移行前取得資産を持つ家計は，3年にわたり100％の控除が認められる。私はこれに代えて，以下の控除率表をすべての家計の移行前取得資産に適用することを勧める。すなわち最初の50,000ドルに対しては80％，次の50,000ドルに対しては40％，そして以降に対しては0％である。そして5年間，この控除され得る移行前取得資産の20％が毎年控除される。目指すところは，公正と簡素のバランスである。

年金基金について何が起こるのであろうか

　個人消費税が備える現行の所得税にない重要な利点は，いかなる形態であれすべての貯蓄が，正確に消費を計算するために同じ取扱いを受けることである。つまり，貯蓄は非消費キャッシュ・アウトフローであるので，そのすべてが控除され，いかなるファンドからの払い戻し額も，何ら特別な租税上の罰則なしに，すべてキャッシュ・インフローへ加えられるのである。私が使っている納税ガイドには，50ページにわたって，代替的な貯蓄方法に応じて所得税での取扱いを変えることが説明されているが，それは必要ではなくなるであろう。

　このように，年金基金は他の貯蓄に比して，もはや特別な租税上の利点を持ち得ない。また年金基金から引き出した場合の，特別な租税上の罰則はなくなるであろう。退職前に被用者は年金基金の負担金を自分の雇用主に管理して欲しいと依然として望むかもしれないが，被用者が退職前の引き出しを禁じられたり罰せられたりするような年金基金で幸福になれるであろうということは疑わしい。ゆえに，結果としてほとんどの年金基金においてこれら退職前の制限や罰則が取除かれると思われるのである。

　アナリストの中には，年金基金が衰退してゆくであろうと信じている者もいるが，実際には発展してゆくかもしれない。雇用主による年金基金は管理上の利便性から，依然として好まれるであろう。制限と罰則が取除かれることによって，被用者はより高い年金保険料を受入れるようになるであろう。しかし，年金が発展しようと衰退しようと，退職まで資産を封じ込めることなく貯蓄控除を得る機会は，家計の総貯蓄を増加させるはずである。

USA税は老若間に不公正があるのか

　USA税提唱者は，不公正はないと答える。若者は「高価な」物（家や車）に対する租税のすべてを購入年に支払う必要はない。つまり，もしローンで

賄われるとすると，租税は複数年にわたることになる。今日の高齢者は，移行前取得資産控除を通して二重課税から救済されることもある。将来の高齢者は相対的に多額の税を支払うことになる。なぜなら貯蓄控除によって中年期には相対的に少ない税しか支払わないからである。

USA税は所得税よりも複雑であるのか

　USA税提唱者は，複雑ではないと答える。USA家計税は，キャピタル・ゲイン，被用者報酬そして貯蓄についてはより簡素である。USA事業税は，減価償却や，借入資本調達と自己資本調達の関係についてはより簡素である。さらに，これら2つの税はインフレーションについてもより簡素である。

　USA税の下で，キャピタル・ゲインは簡素である。その年のキャッシュフローを追うことによって消費を計算することが目的であるために，株式の売却額はキャッシュ・インフローに含めるが，現金化されない株式や過去の購入額はいかなるものであれ無関係である。

　USA税の下で被用者報酬はより簡素である。家計のキャッシュフローから消費が計算されるため，株式配当，ストック・オプション，年金保険料，もしくは確定給付型年金の控除の蓄積は考慮せずとも良い。

　USA税の下で貯蓄は簡素である。いかなる目的であろうと，いかなる形態であろうとも，いかなる額であろうとも，すべての貯蓄は課税ベースから除外される。特定の貯蓄方法（個人退職勘定，ケオ・プラン，年金基金等）についての租税上の取扱いを規定しなくとも良い。

　減価償却はUSA事業税とは無関係である。投資財に関する支出は即時に控除すなわち「費用化」される。負債からのキャッシュフローか自己資本からのキャッシュフローかは課税ベースとは無関係であるので（金融機関は除く），借入資本と自己資本の間の偏向はないのである。

　家計税と事業税の双方において，インフレーションは簡素である。両税は，課税標準の計算のために現在のキャッシュフローを用いるので，インフレーション期間においても現在のドルと過去のドルを比較せずとも良い。その点，

そのような比較が頻繁にある所得税とは著しく異なっている。

1995年構想のUSA税は簡素化されるべきである。借入れ（特定の消費者耐久財を除く）がキャッシュ・インフローに含まれ，返済が控除され州債と地方債の利子がキャッシュ・インフローに含まれるならば，そして移行前取得資産が Domenici（1994年）に提言されたように取扱われるならば，複雑かつ混乱を招くような（1995年解説書に記載されている）S表をなくすことができ，USA税を大いに簡素化することができる。

USA事業税とは何か

事業税は控除型付加価値税である。これは法人所得税を置き換えるもので，すべての事業会社に適用される。それぞれの企業が，その売上収入と資本財を含めた他企業からの購入との差額に対して，およそ11％で課税される。その最も重要な特徴は，資本財の費用が現行の所得税におけるように複数年にわたって漸次控除され（減価償却され）ずに，即時控除されることである。

USA事業税は法人所得税とどのように違うのか

違いは次の通りである。第1に，USA事業税は企業のみではなく，すべての事業に対して適用される。つまり，課税ベースを広げ，税率を低くすることができるのである。第2に，資本財は漸次控除され（減価償却され）ずに即時控除され，それ故に投資を促進する。第3に，この税は「国境調整が可能」である。輸出売上げは除外され，そして輸入は課税される。これは貿易相手国の国境調整可能な付加価値税との適切な統合を可能にする。第4に，被用者非現金報酬は控除されない。このことにより課税ベースを広げ，税率を低くすることができるのである。第5に，金融取引きは無視される。受取り利子と受取り配当金は除外され，支払い利子と支払配当金に対する控除はない。これは，利子は控除されるが配当は控除されないという所得税の下で，現在にみられるような借入資本調達への偏向を取除くのである。第6に，複

雑な発生主義会計ではなくキャッシュフロー会計が用いられている。第7に，この税は地域的限定されている。つまり，合衆国で生産された財のみが課税の対象とされる。これは海外従属会社の会計を計算に入れるという複雑さを排除するのである。第8に，USA事業税は上述してきた大方の違いから，現行法人税よりも非常に簡素なものとなっている。

USA税構想は改善され得るか

　改善される。私の基本的な提言は，USA家計税はその理想，つまり個人消費税から外れるべきではないということである。課税消費額を計算させるためには，家計にすべてのキャッシュフローを合算し，すべての非消費キャッシュ・アウトフロー（源泉徴収やすでに納めた税を除く）を控除するようにさせるべきである。

　借入れはキャッシュ・インフローに含め，返済は非消費キャッシュ・アウトフローとして控除されるべきである。例外は，特定の耐久財を賄う借入れである。この場合，毎年の消費は，ローンを除外し返済を控除不可能とするにより，より的確に算定される。州債と地方債の利子そして現金贈与，相続財産の受け取りはキャッシュ・インフローに含めるべきである。移行前取得資産に対する二重課税は，50,000ドル以上の移行前取得資産を有する家計について適用されるという1995年法案が提案したような複雑な方法ではなく，すべての家計に適用する比較的簡素な方法（**Domenici**，1994年）で制限されるべきである。

　USA家計税の用語と説明には，USA家計税は個人所得税ではなく個人消費税であるという事実が反映されるべきである。納税申告書の合計項目は，総所得ではなくキャッシュ・インフローと呼ばれるべきであり，そして控除項目は，純貯蓄ではなく非消費キャッシュ・アウトフローと呼ばれるべきである。その算定結果は，課税所得ではなく課税消費であると呼ばれるべきである。

　課税されないものを示す単語を用いることに支障はない。それは貯蓄であ

る。しかし，課税するものを隠そうとするべきではない。それは消費である。結果として累進個人消費税は最も公正な税である。なぜならそれは，各家計が経済のパイに貢献するものではなく，自己の楽しみのために引き出したものに応じて課するからである。さらに，各家計に課される比率は，その消費に応じて上昇する。

　USA税はすべての所得に対して1度だけ課税すべてあると主張してはならない。事実，USA税は消費に2回課税する。事業の段階において低い比例税率によって1度，家計の段階において一連の高い累進税率によってもう1度課されるのである。

　つまり，設計者がUSA税は，所得税ではなく累進消費税であるとことを明確に伝え，構想，実施，解説の委細にわたり，こうした事実に忠実であり続けるならば，USA税はより簡素かつ公正で，より説得力のあるものとなるのである。

注　記

第1章
1. 個人消費税への支持を著した経済学者には，Irving Fisher（エール大学），Nicholas Kaldor（ケンブリッジ大学），James Meade（ケンブリッジ大学），David Bradford（プリンストン大学），Martin Feldstein（ハーバード大学），Kenneth Arrow（スタンフォード大学），Lawrence Summers（ハーバード大学），Lester Thurow（マサチューセッツ工科大学），Mervyn King（ロンドン大学経済学部）そしてMichael Boskin（スタンフォード大学）が挙げられる。
2. 30,000ドルや20％というのは，およその数字である。
3. Fisher兄弟の *Constructive Income Taxation*（1942年）とKaldorの *An Expenditure Tax*（1955年）は時代に先駆けて家計支出税を取り上げたが，重大かつ実践的な成果はAndrews（1974年）とGraetz（1979年）による *Harvard Law Review* に掲載された2つの詳細な論文であり，加えて1970年代の合衆国財務省の *Blueprints for Basic Tax Reform*（1977年）と財政研究所の *The Structure and Reform of Direct Taxation*（1978年）まで現れなかった。
4. 例として，ある家計のUSA税が5,000ドルであるとする。その賃金高税が4,000ドルであるなら，家計は4,000ドルの控除を受け，それ故に内国歳入庁へ申告するUSA純税額は1,000ドルのみとなる。その賃金高税が6,000ドルであるなら，家計は6,000ドルの控除を受け，それ故にIRSから1,000ドルのUSA税還付が受けられる（賃金高税額控除は「還付可能」である）。いずれの場合でも，USA税率表によって示されているように，家計は税の合計が5,000ドルとなる。社会保障システムに変化はない。
5. 例として，ある事業会社のUSA税が5,000ドルであるとする。その賃金高税が4,000ドルであるなら，会社は4,000ドルの控除を得，それ故に内国歳入庁へ申告するUSA純税額は1,000ドルのみとなる。その賃金高税が6,000ドルであるなら，会社は6,000ドルの控除を受け，それ故にこの年の純税額は0ドルとなり，さらに次年年度に1,000ドルの控除を繰り越せるのである。いずれの場合でも，USA税率表により示されているように会社は総負担が5,000ドルとなる。社会保障システムに変化はない。

第2章
1. 初年度に産出が100で消費が80，投資が20であると仮定する。もし，消費が5年の間毎年1.5％で成長したなら，5年後には$80 \times (1.015)^5 = 86$となるであろう。もし，投資が5年間に毎年6.2％で成長したなら，5年後には$20 \times (1.062)^5 = 27$となるであろう。そして，5年後の総産出は$86 + 27 = 113$となるであろう。したがって$100 \times (1.025)^5 = 113$により，産出はおよそ年2.5％で成長する。しかし，現在の消費は産出の76％（86/113 =

0.76) であり，投資は産出の24% (27/113＝0.24) である。その時から，われわれは産出，消費そして投資のすべてが同じ率で成長するように，この割合 (76%と24%) を一定のままであると考える。ここでいう同じ率とは，大きな投資率 (20%にくらべて24%) により実現されるもので，数年の間に年率で2.5%強という率である。

第3章

1. Sheffrin（1993年）の報告による納税者サンプルに関する Hite and Roberts の調査研究について，私たちが行った第1章の議論を思い起こしてもらいたい。それは，公平な税を確保するには，所得税率がかなり累進的でなければならないとアメリカ人の大多数が思っている証拠を提供するものである。
2. 賃金を控除できないとして，企業は16,000ドルの賃金を支払うとしよう。もし，賃金控除が可能ならば，企業の賃金支払いは20,000ドルになろう。こうすることで，16,000ドルのコストで4,000ドルの租税節約ができる。しかし，被用者は16,000ドルをキープしながら，税として4,000ドル支払うことになる。企業の賃金費用は，両方のケースで同一であるので，商品価格も，消費者にとり同一になろう。いずれの場合でも，被用者は，16,000ドル支出でき，生産物価格も同一であり，政府は税として4,000ドル得ることになる。
3. 支出できるのは，20%の税率の付加価値税の場合のように16,000ドルではなく，20,000ドルである。しかも生産物価格は同一である。
4. 所得税の税収が7,538億ドルに対して，フラット税の税収は6,155億ドル (81.6%) である。
5. OTA表には，以下の脚注がある。
   (1) この表は，(概算で) 20.8%の税収中立的な税率提案による課税後所得変化推計額の分配を示している。
   (2) 家族経済所得 (FEI) は幅広いベースの所得概念である。この FEI の構成内容は，AGI（調整後粗所得）に以下の項目を加算したものである。すなわち，無申告所得や過少申告所得，IRA 控除およびケオ (Keogh) 控除，社会保障や AFDC のような非課税移転支払い，雇用主が供給するフリンジ・ベネフィット，年金・IRA・ケオ・生命保険の企業基金積立て，免税利子，自宅所有の帰属家賃，キャピタル・ゲインについては，発生ベースで算定され，信頼できるデータによるインフレ調整が行われる。資金貸与者のインフレ・ロスは控除され，借入者のそれは加算される。非法人企業の加速償却に対する調整も行われる。FEI は，租税申告書をベースにするというよりも，1家族をベースにして示されるものである。1家族単位のすべての構成員の経済所得が加算され，その**家族の経済所得**が所得階層別分配に用いられるのである。
   (3) 算入される租税は，個人所得，法人所得，賃金高（社会保障・失業）および個別消費の各税である。遺贈税，贈与税および関税は除外される。個人所得税は支払い者によって負担され，法人所得税は，概して資本所得により，賃金高税（雇用主負担と被用者負担）は労働者（賃金と自営所得）により，個別消費税は個人の

注 記　183

　　購買の際に購買者によって，そして企業購入の際の個別消費税は総消費支出に応じて負担されるものと仮定されている。予算期間中に期限が切れる規程による税は除外される。
(4) 連邦税の変化は，1996年所得レベルでの推計である。それは，完全段階的導入の法律と静態的な行動を仮定している。撤廃される所得税の帰着仮定は，現行法による所得税のと同じである。賃金（プラス年金給付の受取）に対する**フラット税**は，賃金プラス標準控除を超える年金給付受取によって負担されると仮定する。自営業所得の労働要素に対するフラット税は，その労働部分の所得によって負担されるとしている。雇用主供給フリンジ・ベネフィット（ただし年金雇用主負担は除く）に対するフラット税および個別消費税は，受取便益および租税額に応じて，被用者によって負担されると仮定する。企業のキャッシュ・フロー（ただし自営業所得の労働要素部分を除く）は，概して資本所得により負担されるものとする。
(5) 標準控除は，21,400ドル（カップル）あるいは10,700ドル（単身）プラス各扶養家族について5,000ドルである。自営業所得の労働要素部分に対するフラット税は，この控除項目に含められる。
(6) 提案では，雇用主供給フリンジ・ベネフィット（年金雇用主負担を除く）の控除は認められず，これらの便益（基本には，健康保険の雇用主給付）は，20.8%のフラット税の対象とされ，政府やNPOによるこうした便益供給に対しては，等価になる個別消費税が課される。賃金高税の雇用主負担部分も同様に控除不可とされる。
(7) 提案では，全体として，課税後所得が減る（税が増える）ように示されている。なぜならば，分配は，遺贈税や贈与税，信託に対する所得税を撤廃するArmey提案の効果を除外しているからである。
(8) 負の所得を受け取る家族は，最低所得階層から除くが，全体の行には含める。
注記：所得階層は，15,604ドルの第2分位の家族経済所得（FEI）から始まり，中間分位29,717ドル，第4分位48,660ドル，最高所得分位は79,056ドルである。トップ10%は108,704ドル，トップ5%は145,412ドル，トップ1%は349,438ドルである。

6. OTAは，労働供給が非弾力的（賃金の変化に非反応的）であるため，法的には雇用主に課されていようと被用者に課されていようと，労働者が労働税のすべての負担を負うと仮定している。
7. OTAは自らの方法論について次のように述べている。すなわち，「この分析で試みられるのは，個人や法人の各々の租税による行動反応の推計ではない。租税分析局（Office of Tax Analysis）および課税連合協会（Joint Committee on Taxation）の両者が用いた標準税収推計法に従って，報酬・価格・雇用水準や国内総生産のようなマクロ経済の集計値が提案によって変化しないと仮定された。」
8. 経済学者は次のことに意見の一致を見ている。消費は雇用や所得を創出することによって他者に便益を与えているという主張は間違いである。なぜなら，雇用や所得は，家計

が消費するのと同時に，企業が，施設や設備，技術を注文すること，すなわち投資することによってのみ創出されるからである。真の問題は，財源を他者の便益のために投じるかどうかにある。

9. 給与が30,000ドルであり，消費から貯蓄を差引いた額に適用される消費税率が20%であると仮定しよう。そうすると，Cは第0期には6,000ドルの，第1期には0ドルの税を支払うことになり，生涯税額は6,000ドルとなる。Sは第0期に50%の利子率で10,000ドルを貯蓄し，第1期に蓄積された15,000ドルを引出すものと仮定する。そうすると，Sは第0期に4,000ドルの税（30,000ドル－10,000ドルの20%）を，第1期に3,000ドルの税（15,000ドルの20%。なぜなら資産所得が5,000ドルであり，貯蓄が－10,000ドルなので，所得－貯蓄は15,000ドルとなるからである）を支払う。それゆえ，Sの生涯税額（2期間における税額の現在価値）は6,000ドル（4,000ドル＋2,000ドル）となり，CとSは，消費税の下で同じ生涯税額を支払うことになる。

10. 実際には，**Aaron and Galpher** は妥協を受入れている。彼らは高水準の生涯控除額を超える贈与や遺贈に課税する。その結果，裕福な贈与者は税を支払うが，平均的な贈与者は支払わないことになる。彼らは次のように書いている（1985，p.68）。

> 各個人には，いくらかの追加的な個人贈与および遺贈を非課税とすることを認めるべきであろう。例えば，親や子供の間で必要に応じてなされる高額ではない移転や，それ以外に家族間でなされる極小額の贈与や遺贈は課税対象を構成すべきではない。大きすぎる控除額は望ましくない。なぜなら，それは，同じ生涯支出能力を持つ人々の間に不公平な課税をもたらすからである。しかし，1人当たり100,000ドル（およそ1996年の200,000ドル）の，夫婦1組あたり200,000ドル（およそ1996年の200,000ドル）の生涯控除額が認められれば，ほとんどの家族は，総支出能力が完全に課税されるべきであるという原則を本質的には損なうことなしに，全ての贈与と遺贈を課税から除外することができるだろう。この限度額よりも大きな世代間資産移転は，ほとんど土地ばかりとなるだろう。

11. 何人かの分析者は，この怠惰な相続人は，消費税が給与税と等価ではないことを示していると認めているが，その代わり，「資産受領税」と等価であると主張している。資産受領税とは，給与，遺産，贈与の受取り額に課される税である。それゆえ，怠惰な相続人は，巨額の遺産受取りに対する多額の税を支払うよう求められることになる。しかしながら，累進消費税は資産受領税とも異なる。なぜなら，累進消費税は，実際の年間消費額に応じて，各家計に年毎に課せられる税であり，その累進性は，実際の年間消費額にあわせて定められるからである。年間の資産受領額にあわせられるわけではない。Graetz (1980) は累進消費税と資産受領税の違いを強く主張している。

第4章

1. 次の点に留意すること。20%＝25%／[100%＋25%]。一般的には，$t_j = t_e/(1+t_e)$。
2. 所有者が使用する土地と**住宅**については，後に，消費者耐久財の節で論じる。
3. 4,559ドルは，**分割控除方式**の標準計算式によって求められる。$a = rP/\{(1+r)-[1/(1+r)^{T-1}]\}$。もし $r=7\%$，$T=5$，$L=20,000$ ドルならば，$a=4,559$ ドルとなる。

計算式は a について解くことで求められる。$L = a + [a/(1+r)] + [a/(1+r)^2] \cdots [a/(1+r)^{T-1}]$。これは，借入れ額 L が，年間支払額 a の現在価値に等しいことを表している。

4. もちろん，「独立した家計」，「外的」，「内的」の定義は常に明らかというわけではなく，境界線の定義には，精緻さと細心の注意が必要とされる。しかし，多くの場合，その違いは明らかであり，はっきりと分けることができる。例えば，中等教育を終えていない子供への贈与や遺贈は「内的」であり，それゆえに課税されるべきではない。
5. **Domenici** (1994) と1995年 USA 法案のどちらも遺産税と贈与税の廃止を提案しているわけではないことには留意しなければならない。
6. **Aaron and Galper** (1985) は **CGB 税** (彼らはキャッシュ・フロー所得税と呼んでいる) を選好しているが，原則として，実際には，彼らは裕福な贈与者の贈与や遺贈にのみ課税しようとしている。
7. 贈与者は，株式や**債券**の購入に対する控除を，購入の年に受けている。なぜなら，そうでなければ，それは購入の年に必然的に贈与者の消費に算入されてしまうからである。もし株式や債券が個人消費税制定以前に購入されたのであれば，それは後述する「移行前取得資産」に対する措置によって処置される。
8. もし贈与者が制定以前に株式を購入したのであれば，これは後述する「移行前取得資産」の適正な取扱いに関する問題となる。
9. このような上限は次のように適用される。すなわち，授業料のうち10,000ドルを越える部分は，100％が消費となる。これは本当に控えめであると言わざるをえない。
10. もし，高額医療支出を家計の所得の一定割合に留めるような健康保険が全国民に普遍的に適用されるならば (Seidman, 1994b, 1995, Feldstein and Gruber, 1995)，USA 税における控除は不必要である。
11. この家計が株式を150,000ドルで売却したとすると，10,000ドルのキャピタル・ゲインは所得税の下ですでに課税されているので，50,000ドルのみが非課税となることに留意しなければならない。
12. もし控除を使うことによってある家計の課税消費額が負の値となるならば，内国歳入庁 (IRS) は，その額と最低ブラケットへの適用税率の積に等しい額の小切手を，この家計に送付しなければならない。もし，その代わりに，標準的な繰越し制度が用いられるのならば，こうした家計は，控除限度額をできるだけ速く使い切ってしまうために，消費額を増やす誘惑に駆られることであろう。即時に小切手を振り出すことによって，そうした誘惑は回避される。

第5章

1. 同じことだが，経済学者は，所得を現実消費プラス資産（純資産）の変化分と定義する。たとえば，この家計が実際45,000ドル消費し，10,000ドルだけ銀行口座預金を増やしたとしよう。その場合の家計所得は55,000ドルとなる。
2. $3,600 \text{ドル} \times (1.036)^{20} = 7,303 \text{ドル}$
3. $5,000 \text{ドル} \times (1.05)^{20} = 13,267 \text{ドル}$

4. 第4章（「実施上のオプション」）では，家計消費が，家計のキャッシュ・アウトフローを伴わないいくつかのケース（例えば，健康保険の雇用主負担あるいはレクリエーション施設の雇用主供給）について述べ，その処理の仕方を指示した。これらは所得税の問題でもあるので，ここでは論じないことにする。
5. 金融機関については，一連の特別な規則が規定されている。
6. $1{,}000 \text{ドル} \times (1.03)^{20} = 1{,}806 \text{ドル}$

参考文献

Aaron, Henry J., and Harvey Galper. 1985. *Assessing Tax Reform*. Washington, D.C.: Brookings Institution.

Andrews, William D. 1974. A Consumption-Type or Cash Flow Personal Income Tax. *Harvard Law Review* 87, no.6 (April): 1113–1188.

Auerbach, Alan J., and Laurence J. Kotlikoff. 1987. *Dynamic Fiscal Policy*. Cambridge: Cambridge University Press.

Bernheim, B. Douglas. 1996. *Rethinking Saving Incentives*. Department of Economics Working Paper, Stanford University.

Bernstein, Allen. 1995. *1996 Tax Guide for College Teachers*. Washington, D.C.: Academic Information Services.

Boskin, Michael J. 1984. Saving Incentives: The Role of Tax Policy. In *New Directions in Federal Tax Policy for the 1980s*, ed. Charls E. Walker and Mark A. Bloomfield, 93–111. Cambridge, MA: Ballinger.

Bradford, David F. 1980. The Case for a Personal Consumption Tax. In *What Should Be Taxed: Income or Expenditure?*, ed. Joseph A. Pechman, 75–113. Washington, D.C.: Brookings Institution.

Bradford, David F. 1986. *Untangling the Income Tax*. Cambridge, MA: Harvard University Press.

Bradford, David F. 1987. On the Incidence of Consumption Taxes. In *The Consumption Tax: A Better Alternative?*, ed. Charls E. Walker and Mark A. Bloomfield, 243–261. Cambridge, MA: Ballinger.

Burtless, Gary. 1996. Worsening American Income Inequality. *Brookings Review* 14, no.2 (spring): 26–31.

Center for Strategic and International Studies. 1992. *Strengthening of America Commission: First Report*. Washington, D.C.: CSIS.

Christian, Ernest S. 1995. The Tax Restructuring Phenomenon: Analytical Principles and Political Equation. *National Tax Journal* 48, no.3 (September): 373–385.

Christian, Ernest S., and George J. Schutzer. 1995. USA Tax System: Description and Explanation of the Unlimited Savings Allowance Income Tax System. *Tax Notes* 66, no.11 (March 10), Special Supplement: 1482–1575.

Committee on Ways and Means, U.S. House of Representatives. 1993. *Green Book.* Washington, D.C.: U.S. Government Printing Office.

Congressional Budget Office. 1994. *An Economic Analysis of the Revenue Provisions of OBRA-93.* January.

Council of Economic Advisors. 1992, 1996. *Economic Report of the President.* Washington, D.C.: U.S. Government Printing Office.

Courant, Paul, and Edward Gramlich. 1984. The Expenditure Tax: Has the Idea's Time Finally Come? In *Tax Policy: New Directions and Possibilities,* 27–35. Washington, D.C.: Center for National Policy.

Domenici, Pete V. 1994. The Unamerican Spirit of the Federal Income Tax. *Harvard Journal on Legislation* 31, no.2 (summer): 273–320.

Domenici, Pete, Sam Nunn, and Bob Kerrey. 1995. S. 722: USA Tax Act of 1995.

Engen, Eric M., William G. Gale, and John Karl Scholz. 1994. Do Saving Incentives Work? *Brookings Papers on Economic Activity* no.1: 85–151.

Feldstein, Martin. 1976. Taxing Consumption. *The New Republic* (February 28): 14–17.

Feldstein, Martin, and Jonathan Gruber. 1995. A Major Risk Approach to Health Insurance Reform. In *Tax Policy and the Economy* 9, ed. James M. Poterba, 103–130. Cambridge, MA: MIT Press.

Fisher, Irving, and Herbert W. Fisher. 1942. *Constructive Income Taxation.* New York: Harper and Brothers.

Fisher, Ronald C. 1996. *State and Local Public Finance* (2d ed.). Chicago: Irwin.

Frank, Robert H., and Philip J. Cook. 1995. *The Winner-Take-All Society.* New York: Free Press.

Ginsburg, Martin D. 1995. Life under a Personal Consumption Tax: Some Thoughts on Working, Saving, and Consuming in Nunn-Domenici's Tax World. *National Tax Journal* 48, no.4 (December): 585–602.

Goode, Richard. 1980. The Superiority of the Income Tax. In *What Should Be Taxed: Income or Expenditure?*, ed. Joseph A. Pechman, 49–73. Washington, D.C.: Brookings Institution.

Gottschalk, Peter. 1993. Changes in Inequality of Family Income in Seven Industrialized Countries. *American Economic Review Papers and Proceedings* 83, no.2 (May): 136–142.

Graetz, Michael J. 1979. Implementing a Progressive Consumption Tax. *Harvard Law Review* 92, no.8 (June): 1575–1661.

Graetz, Michael J. 1980. Expenditure Tax Design. In *What Should Be Taxed: Income or Expenditure?*, ed. Joseph A. Pechman, 161–276. Washington, D.C.: Brookings Institution.

Hall, Robert E., and Alvin Rabushka. 1983. *Low Tax, Simple Tax, Flat Tax.* New York: McGraw-Hill.

Hall, Robert E., and Alvin Rabushka. 1985. *The Flat Tax.* Stanford, CA: Hoover Institution.

Hall, Robert E., and Alvin Rabushka. 1995. *The Flat Tax* (2d ed). Stanford, CA: Hoover Institution.

Hite, Peggy A., and Michael R. Roberts. 1991. An Experimental Investigation of Taxpayer Judgments on Rate Structures in the Individual Income Tax System. *Journal of the American Tax Association* (fall): 47–63.

Institute for Fiscal Studies. 1978. *The Structure and Reform of Direct Taxation*. London: George Allen and Unwin.

Kaldor, Nicholas. 1955. *An Expenditure Tax*. London: George Allen and Unwin (reprinted by Greenwood Press, Westport, CT, 1977). (時子山常三郎監訳『総合消費税』東洋経済新報社, 1963年。)

Kaplow, Louis. 1995. Recovery of Pre-Enactment Basis under a Consumption Tax: The USA Tax System. *Tax Notes* 68, no.9 (August 28): 1109–1118.

Kay, John A., and Mervyn A. King. 1990. *The British Tax System* (5th ed). Oxford: Oxford University Press.

Levy, Frank, and Richard J. Murnane. 1992. U.S. Earnings Levels and Earnings Inequality: A Review of Recent Trends and Proposed Explanations. *Journal of Economic Literature* 30, no.3 (September): 1333–1381.

Lewis, Kenneth A., and Laurence S. Seidman. 1991a. The Quantitative Consequences of Raising the U.S. Saving Rate. *Review of Economics and Statistics* 73, no.3 (August): 471–479.

Lewis, Kenneth A., and Laurence S. Seidman. 1991b. The Transition Path in a Growth Model: The Sato Controversy Revisited. *Journal of Macroeconomics* 13, no.3 (summer): 553–562.

Lewis, Kenneth A., and Laurence S. Seidman. 1993. The Impact of Raising the U.S. Investment Rate on the Wage of Low-Educated Labor. *Journal of Macroeconomics* 15, no. 3 (summer): 511–520.

Lewis, Kenneth A., and Laurence S. Seidman. 1994. A Phased Increase in the U.S. Investment Rate: Sacrifice Times, T-Year Gains, and Investment Rate Returns. *Journal of Policy Modeling* 16, no.6 (December): 653–676.

Lewis, Kenneth A., and Laurence S. Seidman. 1996a. Conversion to a Consumption Tax, Heterogeneity, and Aggregate Saving. Department of Economics Working Paper No. 96–1, University of Delaware.

Lewis, Kenneth A., and Laurence S. Seidman. 1996b. Conversion to a Consumption Tax in a Growth Model with Heterogeneity. Department of Economics Working Paper, University of Delaware.

McCaffery, Edward J. 1994a. The Political Liberal Case against the Estate Tax. *Philosophy and Public Affairs* 23, no.4 (fall): 281–297.

McCaffery, Edward J. 1994b. The Uneasy Case for Wealth Transfer Taxation. *Yale Law Journal* 104, no.2 (November): 283–365.

McCaffery, Edward J. 1995. Rethinking the Estate Tax. *Tax Notes* (June 19): 1678–1681.

McLure, Charles E. 1987. *The Value-Added Tax*. Washington, D.C.: American Enterprise Institute.

McLure, Charles E. 1988. The 1986 Act: Tax Reform's Finest Hour or Death Throes of the Income Tax? *National Tax Journal* 41, no.3 (September): 303–315.

Mieszkowski, Peter. 1980. The Advisability and Feasibility of an Expenditure Tax System. In *The Economics of Taxation,* ed. Henry J. Aaron and Michael J. Boskin, 179–201. Washington, D.C.: Brookings Institution.

Musgrave, Richard A., and Peggy B. Musgrave. 1989. *Public Finance in Theory and Practice* (5th ed.). New York: McGraw-Hill.

Organization for Economic Cooperation and Development (OECD). 1994a. *National Accounts, 1960–1992, Main Aggregates Volume I.* Paris: OECD.

Organization for Economic Cooperation and Development (OECD). 1994b. *Taxation and Household Saving.* Paris: OECD.

Pechman, Joseph A. 1987. A Consumption Tax Is Not Desirable for the United States. In *The Consumption Tax: A Better Alternative?,* ed. Charls E. Walker and Mark A. Bloomfield, 271–274. Cambridge, MA: Ballinger.

Pechman, Joseph A. 1990. The Future of the Income Tax. *American Economic Review* 80, no.1 (March): 1–20.

Philips, Lawrence C., and John L. Cramer. 1993. *Prentice Hall's Federal Taxation, 1994, Individuals.* Englewood Cliffs, NJ: Prentice Hall.

Rosen, Harvey S. 1995. *Public Finance* (4th ed.). Chicago: Irwin.

Seidman, Laurence S. 1980. The Personal Consumption Tax and Social Welfare. *Challenge* 23, no.4 (September): 10–16.

Seidman, Laurence S. 1981. A Personal Consumption Tax: Can It Break the Capital Formation Deadlock? *Federal Reserve Bank of Philadelphia Business Review* (January): 3–9.

Seidman, Laurence S. 1983. Taxes in a Life Cycle Growth Model with Bequests and Inheritances. *American Economic Review* 73, no.3 (June): 437–441.

Seidman, Laurence S. 1984a. Conversion to a Consumption Tax: The Transition in a Life-Cycle Growth Model. *Journal of Political Economy* 92, no.2 (April): 247–267.

Seidman, Laurence S. 1984b. The Welfare Economics of Taxes: A Three-Class Disposable Income Growth Model. *Public Finance Quarterly* 12, no.1 (January): 3–26.

Seidman, Laurence S. 1987. *Macroeconomics.* San Diego: Harcourt Brace Jovanovich.

Seidman, Laurence S. 1989. Boost Saving with a Personal Consumption Tax. *Challenge* 32, no.6 (November): 44–50.

Seidman, Laurence S. 1990a. Is a Consumption Tax Equivalent to a Wage Tax? *Public Finance Quarterly* 18, no.1 (January): 65–76.

Seidman, Laurence S. 1990b. *Saving for America's Economic Future: Parables and Policies.* Armonk, NY: M.E. Sharpe.

Seidman, Laurence S. 1994a. A Better Way to Tax. *Public Interest* 114 (winter): 65–72.

Seidman, Laurence S. 1994b. Health Card: A New Prescription for National Health Insurance. *Challenge* 37, no.4 (July): 35–42.

Seidman, Laurence S. 1995. Health Card: A New Reform Plan. *Medical Group Management Journal* 42, no.4 (July): 32–34.

Seidman, Laurence S., and Kenneth A. Lewis. 1993. Increasing the Saving Rate: An Analysis of the Transition Path. In *The Economics of Saving*, ed. James H. Gapinski, 241–252. Boston: Kluwer.

Seidman, Laurence S., and Kenneth A. Lewis. 1996a. The Design of of a Tax Rule for Housing under a Personal Consumption Tax. *Public Finance Quarterly* (forthcoming).

Seidman, Laurence S., and Kenneth A. Lewis. 1996b. Transitional Protection during Conversion to a Personal Consumption Tax. Department of Economics Working Paper, University of Delaware.

Seidman, Laurence S., and Stephen B. Maurer. 1982. Taxes and Capital Intensity in a Two-Class Disposable Income Growth Model. *Journal of Public Economics* 19, no.2 (November): 243–259.

Seidman, Laurence S., and Stephen B. Maurer. 1984. The Consumption Tax, Horizontal Redistribution, and Aggregate Saving. *Mathematical Modelling* 5, no.4: 205–222.

Sheffrin, Steven M. 1993. *National Tax Journal* 46, no.3 (September): 301–308.

Simons, Henry C. 1938. *Personal Income Taxation*. Chicago: University of Chicago Press.

Steurle, Eugene. 1996. Private Pensions under a Consumption Tax. *Tax Notes* 70, no.14 (March 25): 1831–1832.

Summers, Lawrence H. 1981. Capital Taxation and Accumulation in a Life Cycle Growth Model. *American Economic Review* 71, no.4 (September): 533–544.

Summers, Lawrence H. 1984a. The After-Tax Rate of Return Affects Private Savings. *American Economic Review Papers and Proceedings* 74, no.2 (May): 249–253.

Summers, Lawrence H. 1984b. An Equity Case for Consumption Taxation. In *New Directions in Federal Tax Policy for the 1980s*, ed. Charls E. Walker and Mark A. Bloomfield, 257–260. Cambridge, MA: Ballinger.

Thurow, Lester C. 1985. *The Zero-Sum Solution*. New York: Simon and Schuster.

U.S. Treasury. 1977. *Blueprints for Basic Tax Reform*. Washington, D.C.

U.S. Treasury. 1984. *Blueprints for Basic Tax Reform* (2d ed.). Arlington, VA: Tax Analysts.

U.S. Treasury. 1984. *Tax Reform for Fairness, Simplicity, and Economic Growth*. Volume 1.

U.S. Treasury, Office of Tax Analysis. 1995. Statement of Eric Toder before the Senate Budget Committee, February 22.

U.S. Treasury, Office of Tax Analysis. 1996. New Armey-Shelby Flat Tax Would Still Lose Money. *Tax Notes* 70, no.4 (January 22): 451–461.

Venti, Steven F., and David A. Wise. 1990. Have IRA's Increased U.S. Saving?: Evidence from Consumer Expenditure Surveys. *Quarterly Journal of Economics* 105, no.3: 661–698.

Warren, Alvin C. 1975. Fairness and a Consumption-Type or Cash Flow Personal Income Tax. *Harvard Law Review* 88: 931–946.

Warren, Alvin C. 1995. The Proposal for an `Unlimited Savings Allowance.' *Tax Notes* 68, no.9 (August 28): 1103–1108.

Weidenbaum, Murray. 1996. The Nunn-Domenici USA Tax: Analysis and Comparisons. In *Frontiers of Tax Reform*, ed. Michael J. Boskin, 54–69. Stanford, CA: Hoover Institution.

人名索引

Aaron, Henry J. 68,74,107,126,127,185
Andrews, William 95,103,143,144,157
Armey, Dick 58
Arrow, Kenneth 181
Auerbach, Alan 37
Bernheim, B. Douglas 38,39,132
Bernstein, Allen. 151
Boskin, Michael 171,181
Bradford, David 18,76,145,171,181
Burtless, Gary 47,48
Christian, Ernest 1,85,139
Cook, Philip J. 78
Courant, Paul 90
Cramer, John L. 150
Domenici, Pete 1,13,85,106,123,124,126, 127,128,131,171,178,179,185
Einaudi, Luigi 14,16
Engen, Eric M. 38
Feldstein, Martin 66,70,171,181,185
Fisher, Herbert 15,16,52,64,69,86,94,181
Fisher, Irving 13,14,15,16,52,53,64,69,86,94,181
Fisher, Ronald 112,113
Frank, Robert H. 78
Gale, William G. 38
Galper, Harvey 68,74,107,126,127,185
Ginsburg, Martin D. 130,131
Goode, Richard 63,68
Gottschalk, Peter 47
Graetz, Michael J. 53,95,102,105,114, 123,133,134,181
Gramlich, Edward 90
Hall, Robert 54,55,56,57,61

Hite, Peggy A. 5,182
Hobbes, Thomas 13,14,67
Kaldor, Nicholas 13,14,15,18,65,76,77,94,181
Kaplow, Louis 127,130
Kay, John 52,145
Kerrey, Bob 1,13,171
King, Mervyn 52,145,181
Kotlikoff, Laurence J. 37
Levy, Frank 47
Lewis, Ken 25,28,35,36,40,101,124
Marshall, Alfred 14,16
Maurer, Stephen B. 35
McCaffery, Edward 71,106
McLure, Charles E. 50,137,140,156,158
Meade, James 19,65,181
Mieszkowski, Peter 74,103
Mill, John Stuart 14,16,69
Murnane, Richard J. 47
Musgrave, Peggy B. 113
Musgrave, Richard A. 113
Nunn, Sam 1,13,171
Pechman, Joseoh A. 63,68,70,71,75,79,81
Phillips, Lawrence C. 150
Rabushka, Alvin 54,55,56,57,61
Roberts, Michael R. 5,182
Rosen, Harvey 113
Scholz, John Karl 38
Schutzer, George 1,85
Seidman, Laurence S. 22,25,28,30,34,35, 36,37,40,78,79,101,124,185
Sheffrin, Steven M. 5,182
Shelby, Richard 58

Simons, Henry　75,112
Steurle, Eugene　38,39,132
Summers, Lawrence　35,37,66,72,171,
　　　181
Thurow, Lester　181
Toder, Eric　50
Warren, Alvin C.　79,96,130
Weidenbaum, Murray　3

事項索引

1986年税制改革法　81
1995年解説書　1
1995年法案　1
401(k)　3,151
An Expenditure Tax（総合消費税）　13,14,
　　　15,65,181
Blueprints for Basic Tax Reform（ブルー
　　　プリント）　18,86,97,101,171,181
Constructive Income Taxation　15,64,
　　　86,94,95,181
FICA（社会保険と医療）　59
OECD（経済協力開発機構）　20
OTA（合衆国財務省租税分析局）　58
personal income taxation　75,112
S表　94,129
state and local public finance　112
*structure and reform of direct taxation,
　　　The*　19,181
"Superiority of the Income Tax, The"
　　　68
tax notes　1,85
*tax reform for fairness, simplicity, and
　　　economic growth*　95
USA税　1
winner-take-all Society,The　78

ア行

アメリカ強化委員会　13
移行前からの資産　120
移行前取得資産　83
移行前取得資産控除　115,123
異質性効果　34,35
維持費用　100
遺贈　49,105,173

遺贈税　71,173
インフレーション　76,154
インセンティブ効果　34,110
売上税　2,4,167
応能原則　67

カ行

家計税　3
家計部門　1
家族手当　7
家族の経済所得　182
合衆国財務省　18
株（株式）　8,92,154
借入れ　93
関税および貿易に関する一般協定（GATT）
　　　139
キャッシュ・フロー　18,88
キャピタル・ゲイン　44,76,146,154
給与所得税額控除（EITC）　4,48
給与税　79
金融資産　93
繰延べ効果　34,37
クレジットカード　7,99
景気後退　24,40
経済諮問委員会　26
ケオ　151
減価償却　3,152,155
現金退蔵　133
健康保険　4,59,118
源泉徴収　89
公共財　31
控除型付加価値税　1
公正　2
高等教育　9

事項索引　195

個人消費税　4,13
個人退職勘定（IRA）　38,151
雇用保険　30

サ行

債券　8,185
仕入高控除方式付加価値税　10,137,151
事業税　3,10,137,151
事業部門　1
自己資本　153
資産税　71,100
支出税　4
慈善寄付　105,110
実質賃金　27
資本蓄積　22,27
州債・地方債利子　110
住宅　83,184
純現金収入税　18
授業料　116
消費者耐久財　93,97
消費税　6
消費・贈与・遺贈（CGB）税　71,106,185
所得税　2,166
所得不平等　47
人的資本　9,23,116
水平的再分配効果　34,35
税額控除　7,110
税額控除インボイス方式付加価値税　10,137
生活水準　22,32
贅沢税　17,52
生命保険　117
戦略国際問題研究所　13
贈与　49,105,173
贈与税　71,106,173
租税回避　56,133
租税簡素化　143
租税負担の配分　2

タ行

退職貯蓄　38
担保借り　101

貯蓄率　4,24
賃金　8,27
賃金高税　9
賃金高税額控除　4,9

ナ行

内国歳入庁　5
年金基金　3,38,39,131
納税申告書　5,87

ハ行

配当　8,91
非消費のキャッシュ・アウトフロー　7,91
被用者報酬　12,149
貧困削減　32
封じ込め　39,148
不動産　91
富裕者　49
ブラケット税率　2
フラット税　2,54,168
フリンジ・ベネフィット　12
分割控除方式　124,184

マ行

無制限貯蓄控除　2,96
メディケアー　78

ラ行

利子　8,91
累進税率　2,5
連邦準備制度　26,41,166

訳者紹介

八巻節夫(やまきせつお) 東洋大学経済学部教授
第3章（前半），第5章

半谷俊彦(はんやとしひこ) 和光大学経済経営学部助教授
第3章（後半），第4章

塚本正文(つかもとまさふみ) 大東文化大学環境創造学部非常勤講師
第1章，第2章，第6章

累進消費税
活力を生む新税制

2004年5月15日 第1版第1刷発行　　　　　　検印省略

著　者		ローレンス・S・シードマン
		八　巻　節　夫
訳　者		半　谷　俊　彦
		塚　本　正　文
発行者		前　野　眞太郎
		東京都新宿区早稲田鶴巻町533
発行所		株式会社 文　眞　堂
		電　話　東京 03 (3202) 8480 (代表)
		郵便番号 [162-0041] 振替 00120-2-96437番

製版・オービット　印刷・平河工業社　製本・イマヰ製本
©2004
ISBN4-8309-4485-4　C3033